您已登入
N號房

韓國史上最大宗數位性暴力犯罪
吹哨者「追蹤團火花」直擊實錄

追蹤團火花——著
胡椒筒——譯

우리가 우리를 우리라고 부를 때

導讀
從金智恩到N號房，南韓 MeToo 改革社會的現在進行式

楊虔豪（駐韓獨立記者）

二〇一七下半年，數十名女性演藝工作者接連揭發，曾遭美國影視大亨哈維．溫斯坦性騷擾與性侵，隨後，女星艾莉莎．米蘭諾開始鼓勵類似經驗者，在網路社群媒體上勇敢出面指控，並加上「我也是（#MeToo）」的主題標籤，掀起風潮，不僅演藝界，社會各行各業都有女性披露自己曾遭遇的不當經驗。

徐志賢檢察官掀起韓國 MeToo 巨浪

MeToo浪潮很快在二〇一八年初吹到南韓。檢察官徐志賢在ＪＴＢＣ晚間新聞《新聞室》直播中，披露自己在喪禮場合，遭官拜法務部的檢察官前輩安泰根撫摸臀部，公開反映問題後，卻接連遭無端調職，「人事報復」意味濃厚；她還透露，不只自己，性騷擾與性侵害，在檢調內已多次發生。事發不到兩個月，被視為文在寅總統未來有力接班人的忠清南道知事安熙正，遭祕書金智恩同

樣於《新聞室》直播中，公開披露自己遭其多次性騷擾與性侵。JTBC事前取得安知事的回應是「兩情相悅」，但直播結束後，安改口稱兩情相悅「並非事實」，向金祕書道歉並辭去職務。

在南韓，性犯罪分為三個等級——性戲弄、性醜行與性暴行，華文中，我們通常將性戲弄與性醜行統稱為「性騷擾」，韓文則更為精細區分。「性戲弄」通常指言語上存在性方面的指涉，或出現刻意卻輕微的肢體接觸，使當事人有負面感受；「性醜行」則是以威逼或動用暴力，強迫當事人發生更大範圍的肢體接觸。「性暴行」等同華文的「性侵害」，即大眾熟知的強暴、強姦，透過威逼或施予暴力，迫使當事人發生性關係或肉體凌辱。

數位時代的新型性犯罪

隨網路社群與通訊程式發達，現在又有更新型犯罪，稱為「性剝削」（韓文稱作「性榨取」）——將性合成照、性侵影片或脅迫受害人自行拍攝具性意涵的影像，於網上散布甚至販售獲利。

就在二〇一九年中，兩名江原道的大學生長期追查網路的性剝削影像問題。她們發現，在加密通訊應用程式Telegram上，有人開設了編號一至八號的群組；有別一般成人片或情色照片，這些群組更有性侵兒童或青少年的影片，成員甚至親自製作並上傳分享性剝削影像，即轟動一時的「N號房」。

除「N號房」，還有由綽號「博士」（本名趙周彬，二十五歲）建立的「博士房」系列群組。「博士」本人在網上以招募打工之名義，誘騙想賺錢的女性，聲稱可快速支付酬勞，要求其拍攝自己臉部，並提供身分證與手機號碼，再將應徵者轉給「配對男」，偽裝成只要與配對男純交友聊天，就能賺錢的生意。

配對男與應徵女性接洽後，就開始要求對方拍攝傳送其指示的動作照片，起初僅擺表情姿勢，然後是拍攝胸部，最後到連臉部一起全裸入鏡。應徵女性若有不從，對方就發怒吆喝。在暴力威逼與金錢誘惑下，當事人又被迫自行拍攝更多獵奇照，如擺出哀求表情、在身上留下文字或傷口，或裸體倒立等。

性剝削影像建立起供需產業鏈

應徵女性拍攝這些照片後，大多情緒崩潰，立刻退出對話或刪除程式；她們最終不僅沒拿到錢，原以為Telegram有加密功能，只要退出，一切就會消失，但這些照片早已轉傳至博士房系列群組中。若要加入博士房一覽這些照片，須支付比特幣，趙周彬透過博士房，讓性剝削影像成為有供需的產業鏈。

問題並未結束。由於應徵女性連身分證、手機號碼也一同外洩，群組內的「消費者」得以藉此掌握當事人的社群帳號、職場與住所，對她們展開言語霸凌與要脅，包括揚言跟蹤、強暴，或威脅將照片寄至家人或職場。這些女性活在恐懼中，但因先前退出對話，早無對證可報警調查。

兩位大學生與主流媒體合作，接連揭發並讓受害人現身說法，使N號房與博士房在新冠疫情期間，成為震驚海內外的新聞。經營博士房的趙周彬，一審遭判刑四十年，檢方也在二審求處無期徒刑；其他共犯亦相繼落網。有一位曾跟我一起吃炸雞、喝啤酒的MBC同業，後來被查出付錢加入博士房，而遭電視臺解僱。

受害者不只對抗惡行，更要面對整個社會

徐志賢與金智恩揭發自己遭性騷擾與性侵後，皆向加害人提告，展開漫長訴訟。遭指控性騷擾徐志賢的安泰根回應：「這是很久以前的事，我喝了酒記不得了。若當時真有（性騷擾）這事，我真心致歉。但若說她因此而影響到檢察官的人事異動或事務監察，則全非事實。」

二〇一九年，法院認定安泰根對性騷擾知情，並展開報復，存在職權濫用。但性騷擾爭議發生在二〇一〇年，已超過法定性騷擾的公訴時效七年，無法究責。隔年，南韓大法院宣布將此案發回更審，三審以徐志賢的調動皆屬正常人事裁量權為由，判決安泰根無罪。

徐志賢提出了國賠，法院卻以「時效消滅、證據不足」為由，判徐敗訴。安泰根則無罪釋放，甚至一度回到法務部工作；最近離職後，獲得批准設立法律事務所，擔任律師執業。而徐志賢作為打響MeToo第一槍的關鍵人物，仍無懼批判，持續抗告，要為自己討回公道。

安熙正性侵案也峰迴路轉。金智恩提出與安熙正的手機對話及工作紀錄作為證據，也有多位同事出面作證，指出金智恩遭安熙正性侵後有反映問題，希望尋求幫助，法院一審卻以「證據不足」、「難以視為威逼」為由，判安熙正無罪，法官甚至認為金智恩的行為表現「不像受害者」。

權勢性侵反映出的兩性不平等

安熙正律師團認為，金智恩擁有高學歷，具足夠判斷力，金智恩與安發生性關係後，既無反抗，也未立刻公開問題，斷定金為安熙正追隨者，對其產生愛慕，主張此非MeToo而是典型的「不倫」；安熙正妻子閔珠瑗更以證人身分稱，與安熙正入眠時，曾見金智恩「入房偷看又溜走」，主張金愛慕安。

律師團意圖將風向帶往外遇，法官也質問金智恩：「對您而言，比貞操更重要的東西是什麼？」、「被告（安熙正）叫您做的事，您都要照做嗎？」卻完全忽略「權力型性侵」的重點——加害人能以職位高於受害者之便，即便無公然威逼，若有任何不從，也能使受害者丟失工作或遭群體排擠，藉此一逞獸性之快。

如此情況下，受害者根本難以立刻拒絕。尤其是當這種事前幾次出現，受害者明知這不該發生，當下也容易陷入迷惘，懷疑自己是否看錯或誤會，等回頭意識到自己確實被強暴，肇事者是自己上司，他與背後的權力集團，可能會在她試圖投訴的情況下施予報復，只得選擇忍氣吞聲。

此番問題，在男尊女卑、家父長制且階級序列觀念強烈的韓民族社會，更為嚴重。人們自幼就被教導，長輩或高層主管的指令須絕對遵從，不得有意見；女性又常被視為「附屬品」、「無法獨挑大樑」，使得許多男性將女性看作可隨時玩弄的器物，導致從家庭、學校到職場，性犯罪層出不窮。

我們應停止檢討受害者

一審法官未從權力型性侵探究問題，反而揪住金智恩事後壓抑創傷、強顏歡笑地在手機上與安熙正對話，主張她「並無受害人的樣子」，而認定安無罪。判決出爐，許多人意識到問題嚴重，開始反問：「為何不檢討安熙正從否認到承認，到再次推翻性侵主張，卻顧著指控金智恩有無『受害者該有的樣子』？」

這也牽動二審起，公民團體與女權運動者更積極緊密串連，向公眾解說問題所在，並反駁判決缺陷，因為往後若延續此論調，不僅貽笑國際，更意味著權力型性侵將持續獲包庇，只要「受害者不像受害者」、「受害者沒立刻舉發」都無法成案，等同宣告MeToo運動的終結。

此番努力與施壓，得到正面效果。二、三審法官全面推翻安熙正主張，強調金智恩說法與工作日誌行程紀錄具連貫性，加上安也曾傳訊向金道歉，認定性侵屬實，判決安三年半定讞並收押。法官更表示：「不能因受害者誠實履行職務，就說那不是遭受姦淫的受害者樣貌，受害者會依其性格與具體狀況，而不得不出現相異的應對。」法官批判「受害者沒受害者樣子」的主張，只是以『典型受害者』的偏狹觀點為立論基礎，不僅推翻一審的認知，更重重打了安熙正辯護律師團一巴掌。徐志賢、金智恩均站在MeToo浪頭，暴露自身遭遇，更長期飽受惡意留言攻擊等二度傷害。徐志賢仍勇敢出面為女性與政治議題表態；金智恩則長期陷入社交恐懼，健康、情緒皆受重創，所幸安熙正罪刑定讞，還她公道，在公民團體與女性運動家支持下，試圖走出陰霾，力圖重建與回歸正常生活。

以不同角度呈現女性長期弱勢處境

從《我是金智恩》到《您已登入N號房》兩本書，能看到南韓女性在社會長期處於不利地位，難以伸張自己碰到的問題。高學歷且具豐富社會歷練的徐志賢與金智恩尚且承受極大壓力，更別提N號房受害者，至今仍擔憂自己的照片還在網路流傳，成為終生烙印，有多少人敢站出來，成為MeToo的下個揭發者？

兩本書，前者是事件受害者本身，後者則是觀察、採訪與揭發的旁觀者，從不同立場呈現社會缺陷，她們共同反映出下從警政、上至司法體系，從存在已久的典型與權力型的性騷擾、性侵問題，到新型態性剝削犯罪，皆未準備好如何應對，甚至本身仍存在相當程度「先檢討受害者」的思維。

如同女性在外穿短裙遭男性非禮，仍有許多人（包括部分女性）會批評「是她穿太少」，相同思維亦存在於MeToo與N號房事件，但這正是合理化「只要穿太少，就可被非禮」並正當化加害者的邏輯扭曲。實際上，你我不穿太少都可能成為受害者，檢視加害者行為模式，才能真正得出有效的防治策略。

《我是金智恩》和《您已登入N號房》只是南韓MeToo與女權運動的前半，此後又發生釜山市長吳巨敦與首爾市長朴元淳遭揭發性騷擾旗下祕書，前者辭職、後者輕生，導致兩大城重新補選。性犯罪連環爆，原本鼓吹公平正義的進步派共同民主黨卻刻意迴避問題，讓許多年輕人大感失望，最後亦告慘敗。

MeToo在南韓尚未落幕，且仍處於陣痛期。金智恩的遭遇，於首爾市長性騷擾案遭揭發後，在被害祕書身上重演；N號房與博士房事件，仍有數以百計的受害者尚未站出來。防範與應對被害的機制為何？南韓還未理出頭緒，同時有大批反動者阻擋。閱讀兩本書的您，不妨思考，若是自己，會如何面對。

推薦序

文明不在數位，而在感同身受，一起行動

方念萱（政治大學新聞系副教授）

這是一本比我當初設想還要「好看」、還要「青春」的書。所謂「好看」，絕不是因為本書給了多少N號房祕辛；所謂「青春」，更不是因為房內影中人的形貌樣態（「兒少性剝削」與「青春」無關、就是犯罪）。

阻止新型性犯罪的火花，熾烈燃燒

《您已登入N號房》是一本有關「追蹤團火花」的紀實作品，「追蹤團火花」是火與煓——兩位大學女生組成的二人組，這個二人組追蹤、潛伏、觀察、報案、揭發了韓國史上最大宗數位性暴力犯罪。書中有一段以「我們不是花，而是火花」為題的說明，講到兩人決定報名新聞獎，後來調查發展成舉國震驚的大新聞，二人屢屢被問到「為什麼是火花」這個問題。煓寫道，比起名字的意義，她認為更重要的是以此為名展開了什麼行動，「我們相信，唯有行動才能定義火花」：

「我們不要做會凋零的花，而是希望活成燃燒的火花。我們希望可以斬斷父權制與資本主義把女性視為美麗的花進而他者化，最終只把女性視為『生殖器』。我們不是花，而是火花！」

最初吹哨者的恐懼與不安

話語的慷慨激昂，展現了她們一路以來的信念，但是紀實作品的好看、真實，完全與教條無關，火與煓以「火花」自許，但在燎原之前，從她們的分享可以看到，她們的每一個行動、每一個分辨，都歷經千迴百轉，一點都不容易。在為組織名字釋義的段落之後，接著就是有關「公開長相」的自剖。

二〇二〇年三月，N號房引起韓國社會關注後，她們接受各路媒體採訪，即使節目中兩人的面容上了馬賽克，但家人擔心「怎麼看都是妳啊」。她們清楚親人的掛慮，但「偶爾還是會想露臉進行活動」，「我們又沒做錯什麼，每次都遮遮掩掩的，實在很不舒服。」如果能夠露臉，可以降低受限度，「說不定可以做更多事。」兩人就此有過不下十幾次的思考討論，但答案都是「不行」——對於各種數位性暴力再清楚不過、挑戰破獲暴力犯罪不遺餘力的火與煓和所有人一樣，擔心合成照片、擔心被偷拍，即使在公開場合不露臉，也擔心身邊就有加害者。全國矚目也就表示，可能成為加害者群認定的眾矢之的。

投身與改變，不只需要勇氣

火與煓這兩個初出茅廬的新手報導者的顧念，也是所有新聞從業者的顧念。她們自問：「我們真的幫助到受害者了嗎？」「我們的追蹤是不是會造成二度傷害？」她們不斷探問主流媒體的再現報導，是否符合韓國NGO與韓國記者協會訂定的性暴力報導準則。也因此，與掀起美國MeToo運動的紐約時報記者茱蒂·坎特與梅根·圖伊合著的《性、謊言、吹哨者》一書相比，這本由兩個「夢想成為記者」的大學生所寫的《您已登入N號房》書中，讀者可以看到更多作者的情緒震盪、不知從何著手的茫然，與必須立刻行動的義憤互相拉扯，充滿了作者的恐懼、罪惡感、疲累、不確定感。

這些本來就是新聞工作真真實實的一部份，在沒有任何組織可以倚恃、任何前輩可以請教的情形下，獨立工作是真、時時撞壁也是真。兩位作者不停歇地接受媒體訪問，不斷引發自身原本壓抑已久的追查創傷，而在節目中落下淚來。當報社打算支援二人接受心理諮商、提供一串離其住家較近的精神科名單時，二人既覺得溫暖受用，又立刻顧慮應否接受。由此可以看出，追蹤團火花並不是神通廣大的神力女超人，她們就是不忍不仁、奮而起身的年輕人。房外有她們，真才有明日。

為數位性暴力受害者吶喊出聲

火與煓這兩個初生之犢卻也有火眼金睛，看穿N號房膽大妄為的道理。兩人提到，正因N號房發生的事太離譜、太超乎一般人能夠想像，那些教唆威脅而生的動作，都是在日本成人影片才可能出現的內容，「所以韓國媒體更不會相信」。正因加害者確信不會有媒體報導，所以殘忍的性剝削，反而成為加害團體認定可以避禍、可以逃脫世人起疑的方式，因而更加安心地從事。

火與焠決定報導事件時，在網路上搜尋相關關鍵字「Telegram」、「N號房」、「網路性犯罪」，「真的找不到一篇相關報導」。在她們決意追查之前，她們身處的世界對N號房的關注，就是真空。

N號房的犯罪樣態為人所知、主流媒體大量報導後，火花提到希望藉助公共媒體的力量，「讓我們能報導能實際幫助到受害者的新聞」。她們與KBS合作，訪問受害者K，K描述時講到「那不是剝削，那是感覺要置我於死地」，並講起在她無法脫身之時，每回在N號房聊天室看到管理者引導參與者選出今晚公佈誰的個資時，K竟心生「希望快點輪到自己，好結束這一切」的求死感。

新聞媒體在火與焠查訪前，以太離奇為由而沒有追查的興趣；案件震動全國後，受害者披露受苦受虐的實況，也讓兩位作者經歷到實無筆墨可以再現的挑戰。全球受到數位性暴力凌虐的女性，是這樣真真實實地陷落在縫隙裡，大多無處求援。

N號房事件，揭示了文明的倒退

二〇二一年五月二十一日，臺灣立法院三讀通過刑法第三一九條第一項第九款，增訂了「N號房條款」，對於「對受害者為照相、錄音、錄影、或散布、播送該影像、聲音、電磁紀錄之行為」，加重其刑。以「N號房」為名的條款代稱，終將因著各國入法，而為清楚具體的法律條次項次所取代，這也意味著當代人類蓄養性奴的大案件告一段落。但是，因韓國N號房被揭發而為世人意識到驟然倒退的文明，是不是就一逕向前了呢？N號房中畜養、虐待性奴的惡行，是不是就再也不會發生了呢？

閱讀《您已登入N號房》，感覺真像閱讀我的學生的課業心得，文字直白、不虛矯，探問社會惡行的心念生猛，常常一兩句觀察所得，直接撞擊讀者心房。「不管這些人有多邪惡，世界仍舊靜悄悄的。」這正是日常，眼皮底下發生的事情，眨眼即逝，也就逝了。韓國的N號房事件將我們的日常秩序捅了個大洞，如果不再看不再想，維繫日常，也就是紙糊的秩序。數位世界裡連時鐘的滴滴答答都沒有，受害者數字卻仍一直往上。在書的尾聲，兩位作者寫道：

「追蹤團火花支持性犯罪受害者勇敢挺身檢舉，你們的苦痛穿過我們的身體，觸動了我們的心，你們的傷痛轉換成我們的痛苦時，一股炙熱的熔岩便會從我們的心噴發而出。」

閱讀這本好看的書，並不舒服，然而，怎麼可能舒服呢？痛其所痛，生出力量。文明不在數位，文明在於感同身受，一起行動。

臺灣感動好評

某些我們以為小孩安全的生活場域，實際上危機四伏。

韓國「N號房」加害者利用 Telegram 對女性進行性侵害，並向數萬會員收取加密貨幣，交易性暴力影片及受害者個資。而這只是網路性犯罪的冰山一角。

透過網路針對兒童進行性虐待，是近年大幅成長的犯罪現象。性侵加害者將兒童性虐待影像放在網路上，如此重大的犯罪，公開流傳在網路上那麼久，卻沒人注意到事情嚴重性。因為一般人難以相信，如此殘酷的犯罪可以每天離我們這麼近。

保護兒童安全使用網路，從正視「N號房」事件開始。

——**陳潔晧**（作家）

大小革命相互輝映——兩位韓國大學生記者突破異世界，將深埋於社會底層的凌辱慾望帶上岸；她們在採訪過程所必須經驗的痛苦，來自於同理共感韓國社會的深度性別壓迫，其力道絕不亞於N號房性犯罪本身。

向兩位年輕的女性主義者致上最高敬意！

——**許菁芳**（作家）

隨著網路通訊軟體的日漸普及，點閱、下載及轉傳等功能，讓「男性凝視」在網路世界裡另闢了出路，並且不斷快速繁殖中。這樣的虛擬暴力是全球性的，它不分種族或社經文化背景，正狠狠地吞噬我們。

網路性暴力的受害者，不僅活在被「複製傳播」及「報復」的恐懼中，更要承受社會對他們的嘲諷和指責。有感於大眾的逐漸漠視，揭發韓國N號房事件的兩位女大生「火」與「煓」，將為我們啟動對抗數位性暴力的正義之路。

——**羅珮嘉（女性影展策展人）**

二〇一一年，韓片《熔爐》掀起輿論，迫使政府重啟調查聾校性侵、霸凌案，是原著小說家孔枝泳的義憤成書、男星孔劉奔走促成電影誕生，喚醒了社會。十年後，讀《您已登入N號房》，似乎也看到這樣的兩個人，她們的投入，改變了社會認知。

兩位女大生在課餘不懈地臥底揭弊，捅出驚天大案，俠義同樣震撼人心。過程有如紀實電影《驚爆焦點》所述：《波士頓環球報》回頭赫然發現，多年來不斷收到民眾爆料投訴神父性侵孩童，可是報社一直沒人當回事，沒人想到該去追查。

兩位少女向媒體投稿、詢問警方，屢屢碰壁；男性世界否認網路誘姦孩童、脅迫女性自殘與被性侵，認為不成問題。即便最後報社、電視臺報導掀起輿論炸鍋，某些男性議員照樣狀況外、修錯法。過程荒謬、痛苦，也展現了追蹤團火花的堅強意志，願其艱辛戰鬥，激發讀者抗爭的勇氣。

——**盧郁佳（作家）**

韓國齊聲讚譽

兩名勇敢點亮這片如黑洞般黑暗土地的火花！

——**Sleeq（音樂人）**

當以看了會不舒服為藉口迴避一些事情時，我會想起每天幾個小時監視N號房的火與煓。這本書在隱密的N號房點燃了新的火花。我會將這本書分享給身邊的人。

——**申辛知（漫畫家）**

N號房事件絕不是偶然公諸於世的，這是不斷直視、不斷思考、不斷行動的二十代女性對我們生活的世界帶來的巨大影響。我想向「火花」背後的現實致敬以表感謝，謝謝她們帶來的這份巨大的安慰。

——**全高雲（《小公女》導演）**

女性安全的社會不會對任何人造成危險。本書不僅提出了韓國媒體的未來和根除數位性剝削的重要方向，也解釋了女性主義不可或缺的理由和作用。

——**朴旻知（《韓國日報》記者）**

兩個平凡的女孩幹了一件大事。雖然很多人有著同樣的意願，但我們被她們感動的是，兩個人僅憑藉著「尚且不足的經驗和技術」，完成了其他人不敢碰觸和下結論的事。但真正可怕的是，當時的社會沒有意識這件事的可怕。然而真正偉大的是她們明知道這一點，還是決心去做。

——**李京美（《非常校護檔案》導演）**

這是一盞非接觸時代的方向燈，請照亮女性的安全吧。

——**李秀靜（犯罪心理學系教授）**

告發性暴力加害者以及團結的紀錄，應該以這種方式留存。

——**李多惠（《Cine21》記者）**

蘊含時代精神的告發報導是所有記者的使命，但超越使命，改變社會結構的事情遠比登天還難。我支持並為最先靠近這個夢想的追蹤團火花加油。

——**李和珍（KBS記者）**

在這個瘋狂的國家，就連揭發和紀錄性犯罪都是女性的工作。我要向堅持不懈走到今天的追蹤團火花表示敬意，我也會加入閱讀和記憶的行列。

——**李斗露（「告春出版社」代表）**

身為二十代女性，不斷面對悲慘現實的時候，我會想起她們在最前線的勇氣和堅強。不管何時，我都希望效仿她們的勇氣。

——**金草葉（作家）**

如果有人問，是誰守護了身陷數位性剝削惡夢中的孩子，打造了安全的世界，我會說，是勇敢走在最前面的追蹤團火花，然後推薦他們這本書。

——**金智恩（兒童文學評論家）**

追蹤團火花的勇氣與信念令人熱血沸騰，這是所有人都該知道、正在發生的事。

——**林賢珠（MBC主播）**

本書帶來了無法用語言形容的衝擊，作者卻是「平凡」的二十代女性。我從她們的平凡中，重拾巨大的希望和勇氣。

——具靜亞（電影製片人）

希望這個紀錄，可以成為「數位性剝削末日」的第一頁。

——吳姸書（《韓民族日報》記者）

改變世界的女性！

——吳智恩（音樂人）

只有靠我們自己的力量，才可以改變我們的日常。透過本書，傾聽「我們」的聲音並產生共鳴，也是一種團結。

——柳浩貞（正義黨議員）

本書向世人證明了，堅持說出自己看到的真相的力量。

——恩柔（作家）

火和煓的勇氣帶來了巨大的改變，是時候讓更多「我們」，在各自的位置上點燃火花了。

——張惠英（正義黨議員）

本書完整記錄了將N號房公諸於世前，追蹤團火花的動搖與苦惱，這將成為韓國女權史上珍貴的一頁。

——崔徐熙（NGO團體「ReSET」成員）

這是所有人應該讀的書。我要感謝即便面對恐怖的現實，仍堅持報導的火與煓，改變世界的力量正是來自於這些人的勇氣。

——**黃善宇（《兩個女人住一起》作者）**

追蹤團火花證明了，女性主義能夠拆解、改變昨天的我、我們和整個世界。

——**黃孝貞（Podcast「Sisterhood」主持人）**

她們發現那些慘不忍睹的性剝削，非但沒有就此打住，還耗盡心力，把問題引向未來。我們應該一起閱讀這份最重要的紀錄。

——**鄭世朗（《保健教師安恩英》作家）**

這是一定要讀的書，是一本慶幸得以出版的書。支持追蹤團火花。

——**嚴知惠（「Channel Yes」記者）**

N號房內的加害者，沒有人意識到自己犯的錯，只確信自己是安全的。感謝追蹤團火花擊毀了他們的確信。

——**權金炫伶（女性主義學者）**

她們是這時代真正的英雄！

——**權仁淑（共同民主黨議員）**

第一部

@目次

第二部

第三部

一起讓星火燎原 203

閱讀本書前

1. 二〇二〇年，N號房事件引起社會關注，同年六月，韓國國會通過《兒童、青少年性保護相關法律》的部分修正法案，將「利用兒童、青少年的淫穢影像」之法律用語，更正為「兒童、青少年的性剝削影像」。性剝削指強迫受害者進行性行為，並透過該行為獲取利益的犯罪。因此本書統一稱「性剝削影像」。
2. 註解中的「火花手記」，是作者針對網路性暴力、性犯罪等用語和事件之簡單整理。
3. 根據法律，已公開身分的嫌犯真實姓名和年齡，均與其網路名稱一併標記。未標記的犯罪嫌疑人，則因法院做出的假處分判決，尚未公開身分。

序

現在，讓我們並肩前行

二〇二〇年，整個韓國都在為N號房事件憤怒。我們希望這股憤怒的熱潮，能讓加害者受到應有的處罰，受害者不必再躲藏，早日重返日常。

二〇二一年，主要加害者的審判尚未結束，對網路性犯罪[1]的憤怒之聲卻日益減弱。我們難忘受害者絕望地說：「這件事會漸漸被遺忘，等過了一年，我的影像又不知道會上傳到哪裡……」雖然無法說盡快，但直到「解決」問題的那一天來臨前，我們仍會與受害者站在一起。期許本書像一句問候，向因厭女犯罪而沮喪的人說：「現在，讓我們並肩前行！」

我們反覆斟酌，詳盡紀錄了受害者遭受網路性暴力[2]的遭遇，寫成了第一部和第三部；第二部則是我們的人生故事，以及在追蹤事件時的心路歷程。為了釐清真相，第一部和第三部以報導形式撰寫，第二部則收錄了追蹤團火花的成員——火與煓（ㄊㄨㄢ）的隨筆。寫第二部時，我們曾自問這樣的文字真的可以出版嗎？但也藉由隨筆與自己展開對話，帶來了安慰，也希望本書能夠撫慰大家。

您會在閱讀本書時，因事件的殘忍感到痛心、難以置信，即使懷抱必須了解整起事件的心，也很難接受。對追蹤這起事件超過一年的我們來講，有時也會因過於殘酷而不忍面對。儘管如此，我們還是懇請您正視這些問題。我們之所以還在持續追蹤這起事件，就是因為太清楚「沉默」引發的弊端了。

在寫第一部和第三部的某一天，因為過於痛苦，我們闔上筆電。如果是獨自一人，也許好幾天都無法振作，很多事或許早就放棄了。因此，能身為追蹤團火花的一份子，能擁有夥伴，我們時常感到慶幸。也很好奇，假如能有更多人參與，是否會爆發出更大的能量。

我們希望藉由本書走近讀者。一年多來，我們一直匿名從事各種活動，無法跟加入我們的朋友坦誠交流，實在遺憾，因此希望藉由本書告訴大家：我們都是一樣的。火和煓雖然在不同環境下成長，有著許多差異，但同樣身為生活在韓國的二十代中段[3]女性，就讀同一所大學和科系，家裡都有姐妹，我們相似的地方更多。即使彼此的成長環境、方式、時間不同，但當把我們稱為「我們」

1 指在網路性暴力中，現行法律已認定的「犯罪」。如網路性剝削、非法拍攝、散佈色情影像、利用通訊媒體進行淫亂行為及Deepfake 等。
2 指利用電腦、手機等數位裝置剝削受害者的性，侵犯人權的暴力行為，包括性騷擾、猥褻和強暴等。
3 「代」指年齡區段，例如十代指十到十九歲。

的時候，便是團結一致的起點。

感謝從很久以前就展開這場艱苦奮戰，並給予我們勇氣的李秀靜教授和徐志賢檢察官；為同樣目標努力的民間團體ReSET[4]、韓國女性電話、旁聽Telegram加害者判決的社運人士，以及為受害者提供幫助的韓國性暴力諮商所。多虧大家的幫助，我們才能明確認知問題、進行採訪調查。韓國社會發生的這些變化，是大家創造出來的寶藏。透過這起事件，也讓我們深刻體會到遏止性犯罪的艱難。

感謝真心支持我們的鄭有善企劃，信任並等待我們的利春出版社高美英社長、李彩妍和成祐晶編輯，很榮幸第一本書得以讓諸位完成，未來也會懷揣這份感恩的心走下去。感謝支持我們組建火花的周瑛基教授，及包括朴前輩在內、所有給予支持的記者前輩。

自從我們開始追查這起事件以來，最為我們擔憂的便是家人。我們要說一聲：謝謝，對不起，我愛你。

二〇二〇年九月

追蹤團火花敬上

4 對Telegram N號房性剝削事件感到憤怒的女性，組成告發Telegram性剝削之民間團體。

第一部

二〇一九年七月那一天

@二〇一九年七月，我們看到手中的地獄

一年前的我們還是夢想成為記者的大學生，為了累積對就業有幫助的獲獎經歷，準備參加新聞通訊振興會創辦的「調查・深度報導」新聞獎。我們選定的主題是「非法拍攝」。對於生活在韓國的二十代女性而言，這是再切身不過的問題了。

為了尋找散佈非法拍攝影像的站點，我們開始搜尋，而且很輕鬆就找到各種網站。雖然事先預想到，但仍覺得氣餒。很多人根本不知道在我們生活的地方正發生著非法拍攝犯罪，甚至很多女性對「自己就是受害者」毫無所悉。用Google搜尋了約十分鐘後，一個名為「AV-SNOOP」的Google部落格吸引我們注意，這與之前看到的網站有所不同。

有別於其他散佈非法拍攝影像的網站，這個部落格幾乎都是文字。名為「Watchman」的經營者上傳的非法拍攝影像，會在下方詳細紀錄後記。其中，關於Telegram「N號房」（當時加害者把N號房稱為「號碼房」）的後記，尤為引起我們注意。

雖然沒有照片，只是單純的文字，但那篇文章在整個部落格的點擊率最高。我們點進名為「推特〇〇女散佈事件（N號房）」的文章，是一個暱稱「GodGod（文炯旭）」的人對青少年進行性虐待的內容，文章最後寫道：在即時通訊軟體Telegram上可以看到更多「奴隸影片」。

我們看到AV-SNOOP部落格上方掛有名為「高談房」的Telegram聊天室連結，為了進一步確認發生了什麼事，我們註冊了Telegram，進入高談房。驚訝的是，該聊天室完全沒有成年認證的機制。且註冊Telegram時可以將號碼設定為不公開，並能隨意更改姓名，因此不存在個資外洩的問題。

我們在沒有任何風險的情況下進入高談房，最先看到的是「公告」：聊天室分為一到八號房，每個房間都有限定觀看的影片，以及該影片的簡評和影片中女性的個資。直覺告訴我們，這八個房間裡一定發生著什麼事，因為僅高談房就已有將近一千名（截止二〇一九年七月十五日上午十點）的匿名會員了。這些人互相分享非法拍攝影像，把女性視為商品而非人類的加以點評，一個小時內的聊天訊息就有一千多則。我們觀察了兩個小時的動態，大致掌握了這個房間的運作模式。

高談房長就是AV-SNOOP部落格經營者Watchman，此聊天室成員統稱他為「大哥」。

「沒有人加入Telegram是想看正常片的，想看AV的不如自己去日本網站找呢～」

「就是～想看兒青物（兒童及青少年影片）的才會來這裡。」

我們進入這個聊天室後，會員數仍在持續增加。

「我能把前女友的KakaoTalk帳號po在這裡嗎？」甚至有人把前女友的KakaoTalk帳號公然上傳到聊天室，其他人卻慫恿他：「帳號就算了，分享一下（性愛）影片吧。」

這些會員最關注的是「N號房」。Watchman會定期在高談房發佈N號房的女性真實姓名、學校、班級和簡評等，刺激大家的好奇心。「N號房會員」主要是在高談房裡點評N號房的女性，並教唆大家合謀「一起去○○的學校」進行強暴。要加入高談房並不難，因此要是有人檢舉這裡在散佈非法拍攝影像，聊天室很可能會被解散，通往N號房的第一條管道會被堵死。因此Wwatchman會進行最基本的嚴格控管，若有人直接上傳性剝削和非法拍攝影像，他會立即刪除，然後強制上傳者退出聊天室。

在高談房很難立刻獲得加入N號房的連結。首先，必須加入從高談房衍生出來的聊天室，進入衍生聊天室的連結會時不時出現在高談房。我們進入高談房僅一天，就發現了二十多個「衍生房」。

衍生房不但有國內外的色情影片和韓國國內的非法拍攝影像，還有非法拍攝兒童照片及無法分類的殘忍影片。初次加入衍生房的會員會上傳分享其他人想要的影像，以此自然地與大夥同流合汙。

僅一個衍生房裡，就流通高達一千八百九十八張非法拍攝照，九百三十八支影片和三百三十三個大型壓縮檔。而這不過是我們看到的冰山一角，還有很多私下互傳的非法拍攝影像，根本無法預測一天裡到底有多少非法拍攝影像在流通與散佈。

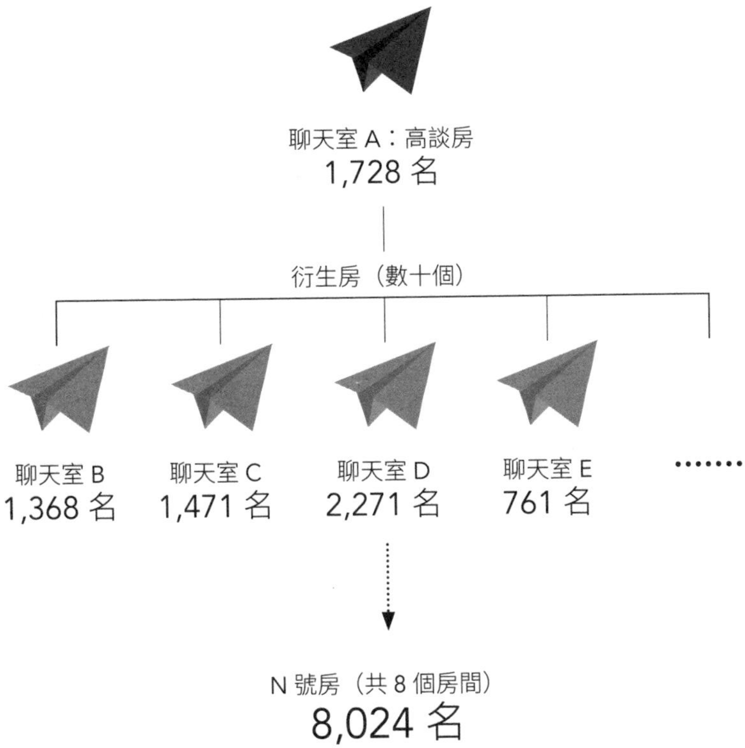

截至2019年7月30日下午5時，Telegram聊天室現況統計。
聊天室A是高談房，聊天室B～E是高談房出現連結後點入的主要衍生房。
當時包括主要衍生房在內，共計有數十個聊天室。

我們潛入的衍生房主要散佈不分年齡和國籍的兒童性剝削影片、在女廁和女性房間裡的非法拍攝，甚至有利用GHB（俗稱神仙水）迷暈女性進行強暴的影像。不僅如此，會員還熱烈發表著性騷擾女性的言論，有的衍生房還會強制不發言的會員退出聊天室。

據衍生房房長私下透露「只有上傳非法拍攝影片才能拿到N號房連結」、「上傳稀有的A片才能進N號房」，但我們根本沒有那種影片。苦惱之際，高談房出現了相對簡單的認證條件。

「我有N號房的連結，想進N號房的人把頭像換成日本動畫女主角，然後聯絡我。」

我們立刻上網搜尋「日本動畫」，下載女主角的照片、更換了Telegram頭像。那個人很快便給了連結。就這樣，我們在註冊Telegram僅五個小時後就拿到連結，進入N號房中的一號房。

進入N號房後，首先映入眼簾的是受害者的裸照。這些受害者就是高談房和衍生房會員一直談及的「奴隸」，多是國中、國小生。受害者利用道具自慰、用刀子在身上刻字，或在戶外場所只披著一件外套行走。（這只不過是GodGod命令受害者做的部分行為，為了不造成二度傷害，將不提及特定受害案例）。受害者依照N號房會員的指示自拍這些影片，然後傳給他們。

親眼目睹影片的我們目瞪口呆，這真的是在現實中發生的事嗎？真的是在韓國，是跟我們生活在同個時空的人做的嗎？簡直不敢置信、也不願相信。這時，N號房貼出公告：

> 此處上傳的影片及照片都是威脅脫序帳號[5]女孩獲得的資料，她們都是不照指示照辦、逃跑的孩子（的影片），大家可以隨心所欲地（散佈）處理。

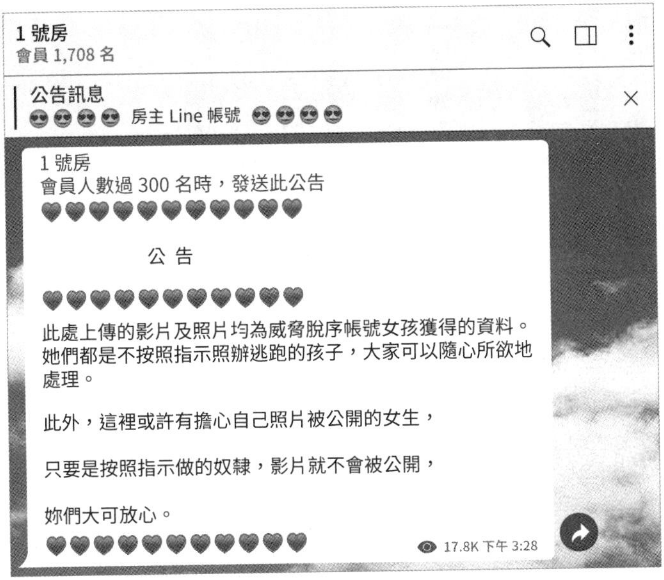
1 號房
會員 1,708 名
公告訊息
房主 Line 帳號
1 號房
會員人數過 300 名時，發送此公告
公 告
此處上傳的影片及照片均為威脅脫序帳號女孩獲得的資料。她們都是不按照指示照辦逃跑的孩子，大家可以隨心所欲地處理。
此外，這裡或許有擔心自己照片被公開的女生，
只要是按照指示做的奴隸，影片就不會被公開，
妳們大可放心。
17.8K 下午 3:28
N號房之1號房公告截圖。

受害者被關在名為N號房的監獄裡。GodGod利用受害者害怕父母和學校知道的心理威脅她們，一想到那些受害者，我們的心跳都會加快。Telegram聊天室裡正發生著可怕的性犯罪，每分每秒都有新的加害者、受害者和性剝削影像出現。我們不能為了寫一篇報導而冷眼旁觀，必須先報警。

5 帳號使用者不分性別，主要年齡為十到二十代前半，會在社群網站上傳自己的身體、私密部位照片，甚至性關係影片。N號房事件中，「GodGod」駭入這些帳號，威脅帳號使用者提供個資，並對數十名未成年人進行了長達一年多的性剝削。

@Telegram聊天室加害者的精神領袖

「這個比N號房的〇〇女系列[6]更性感嗎？我連N號房的門檻都沒踏過。」

「沒看過號碼房（N號房）的人一定都想進去，你找找之前的po文就能進去了。」

「大概在第幾頁啊？看來要在這裡（高談房）找一整天了。」

「話都說到這了，你自己找吧。連這都找不到，再問就把你踢出去。」

某個在高談房找N號房性剝削影片的會員被Watchman強制退出了聊天室。最早加入聊天室的會員會警告「新人」至少三天不要出聲，先觀察聊天室的氣氛。

我們展開採訪是在二〇一九年七月，從高談房得知N號房共有一到八號的八個房間。高談房的公告可說是為N號房宣傳的手法，經營者Watchman利用公告刺激好奇心，但當「新人」發問「哪裡可以看N號房影片」時，他卻會斥責對方。Watchman利用公告引誘大家，並試圖凌駕於這些蜂擁而至、想觀看影片的人之上。但Watchman這樣的性犯罪者卻在法庭上聲稱自己只是在部落格和聊天室（高談房）扮演宣傳N號房的角色，沒有像GodGod那樣親自製作性剝削影像，主張自己無罪。

Watchman是房長，所以高談房的加害者會向他提出各種問題。在這裡整理一下他當時回答的內容：Watchman說自己未婚，是二十多歲的數學補習班老師。有人問他是否結婚時，Watchman回答：「補習班有那麼多孩子，為什麼非要結婚呢？」散佈兒童性剝削影像的人竟是補習班老師……雖然他的話不能盡信，但這種「可能性」令人恐懼。為了讓進入聊天室的人安心，他還聲稱連恐怖份子都在使用Telegram，很自豪地說自己經營的高談房是「Telegram入門者的使用說明書」。

Watchman經營的聊天室和部落格誘入了很多人，我們必須掌握他的真實身分才能報警，真正阻止加害者藉由高談房觀看和散佈性剝削影像的行為。於是我們開始截圖收集所有關於Watchman的訊息。

6 系列為進行非法拍攝加害者的暗語，「○○女」指遭非法拍攝之受害者。

@可以報導N號房事件嗎？

Telegram除了N號房，還有很多性騷擾、合謀強暴及熟人凌辱[7]的性犯罪聊天室。我們十分苦惱，不知道報導該設定哪個方向，以及如何掌握尺度。聚集在高談房的加害者常說，N號房發生的事太不真實了，在沒看到那些影片前自己也不相信。正因為N號房發生的事都是在日本成人影片才可能出現的內容，韓國媒體更不會相信，這也讓加害者確信了根本不會有媒體報導。他們深知這是殘忍的「性剝削」，正因如此，他們才覺得安心。在網路上搜尋「Telegram」、「網路性犯罪」和「N號房」，真的找不到一篇相關報導。

二〇一九年七月中旬，Watchman還冷嘲熱諷地說：「原本推特〇〇女[8]應該上新聞的，媒體也嗅到了味道，但沒有人相信這種事，所以根本沒人報。」

暱稱Kelly的人附和：「就當這是韓國只有一千多人知道的事件好了。」Kelly是聚集了一千多人的高談房裡，最積極參與的加害者。當時我們還發現，有些人是在某個以男性為中心的社群網站上看到連結後加入高談房的。我們在Google搜尋「N號房」、「號碼房」和「推特奴隸」時，也在以男性為中心的社群網站「笑梗」和「搞笑大學」上看過關於高談房的文章，但這些內容一旦出現在網站頭版便會立刻被刪除，顯然沒有人報警或阻止這件事。

七月末，隨著新聞獎報名截止日期逼近，我們也越來越擔憂。若透過這次新聞獎公開N號房的報導，只會給受害者帶來更大痛苦。如果報導直接被其他新聞蓋過去，豈不是等於在幫N號房做宣傳嗎？出於這樣的考量，我們變得謹慎又害怕。如果現有的媒體能夠關注N號房，並持續深入報導，多少能減輕我們的擔憂。只有媒體帶動輿論追查到底、逮捕所有加害者並嚴懲，才能保護那些受害者。於是我們決定向在《國民日報》實習時認識的前輩徵求意見。

《國民日報》朴前輩建議，如果有警方協助，應該可以將此事付諸公論。但他也明確表明記者的立場，既擔心會給受害者造成二度傷害，同時也要知道「每起案件必然會存在受害者」。我們又思考了幾天，最後得出的結論是「如果能讓社會朝更好的方向發展，就應該報導這件事」。雖然擔

7 將熟人的照片與個資散佈到網路上的犯罪。讓其他人對散佈的內容進行性騷擾，少則數百、多達幾萬人。並將受害者的臉與色情照片進行合成，散佈到社群網站。熟人凌辱之受害規模龐大，但因為犯罪特性，很多受害者根本不知道自己受害。如果不能逮捕加害者，便無法分離受害者與加害者，存在二度犯罪的隱憂。

8 火花手記①：暗指與N號房事件一樣遭受性剝削的受害者。在N號房事件公諸於世的二〇一九年夏秋，網路性犯罪稱之為「號碼房事件」或「推特奴隸女事件」。我們掌握到這些加害者利用推特散佈性剝削影片的行為，至少從二〇一六年持續至今。

心報導會引發二度傷害，但也不能對眼前發生的原有傷害置之不理。必須盡快瓦解這個觀察了一個多月的「加害者組織」，保護那些處在法律死角、毫無防備的受害者。為了嚴懲躲在暗處活躍的加害者，我們開始寫該事件的報導。

@妳是受害者「本人」嗎？

我們最先報案的地方是警察廳總部的網路安全局。考量到網路空間的犯罪特性，加害者很可能分散在全國各地，我們認為只有向總部報案，才能盡快把案件分配給地方警察廳，以便展開有效的調查。

報案前一天凌晨，我們進入Telegram，重新分析確認各聊天室的氛圍。除了N號房，其他聊天室也充斥各種性犯罪。我們十分茫然，不知該從哪裡開始說明，最後決定先檢舉通往各聊天室的高談房經營者Watchman和N號房。翌日下午，我們撥了網路安全局的電話。

「我們看到一名加害者以數十名兒童和青少年為對象製作的性剝削影片，這些影片正在Telegram上流傳。」

「我們已接到多起網路性犯罪檢舉，您現在舉報的案件一定也有人檢舉過。請問您是案件當事人嗎？」

「啊，我不是受害者。但是……」

「不是受害者本人的話，很難立案調查。」

我們心想：「親告罪[9]都廢除七年了……」對方顯然沒有意識到網路性犯罪的嚴重性，特別是在保安嚴謹的Telegram發生的性犯罪更是難以被發現。我們也費了好一番工夫才進入N號房，而且花了好幾天才掌握到裡面的犯罪行為。

最終，我們決定到附近的警察局向警察詳細說明，於是立刻出門跳上計程車。來到警察局服務臺說要檢舉網路犯罪。當站在寫有「網路調查組」的門牌前時，我們做了一個深呼吸。

「您好，我們是來報案的，請看一下這些資料。」

警察在查看我們帶來的影像時，一句話也沒有說。他意識到案件嚴重性後，提出「是否跟受害者取得聯絡、是否掌握加害者規模」等問題。我們詳細回答了一週來掌握到的情況。

警察說：「製作和散佈未成年人性剝削影像是我們第一次遇到的網路犯罪類型，考慮到案件的嚴重性，最好先上報警察廳。」我們總算鬆了口氣，心想，「啊，真是萬幸……」但也很擔心如果警察廳不積極處理怎麼辦。

當時，面對女性安全處在死角的現實，我們被挫敗感深深籠罩。二〇一八年，女性走上街頭譴責政府放任非法拍攝、雲端硬碟聯盟（Webhard Cartel）[10]和厭女，展開「譴責調查非法拍攝不公正」抗議遊行。這是一次亞洲最大規模的女性人權示威，向世人宣告：非法拍攝是極其隱密的性犯罪，以及事態嚴重性。但距離示威還不到一年，我們就在網路上看到如此慘不忍睹的事件。「就算想阻止這種犯罪，但我們真的做得到嗎？」

在等待江原地方警察廳電話的五天裡，Telegram 性犯罪的核心高談房，又新加入了一百多名會員。

9 火花手記②：需要由犯罪受害者或法定代理人起訴、檢舉才能提起公訴，但即使沒有受害者的起訴或與受害者達成和解，也能讓加害者受到處罰。以未滿十三歲的兒童和青少年犯下強制猥褻、強暴或殺人等罪行不適用於公訴時效，含有以上內容的修正條文自二〇一三年六月十九日起執行。自一九五三年九月制定刑法以來，時隔六十餘年徹底刪除和廢除了《關於性犯罪的親告罪規定》（刑法第二九六條及第三〇六條）。

10 火花手記③色情網站營運者、大量上傳者相互勾結，以非法拍攝影像的收益為目的的團體。前任韓國未來技術會長楊振豪即為雲端硬碟聯盟的核心人物，因涉嫌非法散佈性剝削影像遭到移送法辦。

@警察和追蹤團火花的群組聊天室

從警察局回來後隔週的星期一，我們與兩名江原地方警察廳網路偵查隊的警察見了面。我們給他們看了加入的聊天室，以及裡面定期上傳的性剝削影片。觀看這些非法影片的行為本身就是對受害者的傷害，沒想到傳達這些資料也伴隨著罪惡感，這讓我們十分痛苦，就連給警察看這些影片也讓我們產生抗拒心理。我們坐在咖啡廳的角落，打開電腦詳細講解了Telegram聊天室中最活躍的「高談房」、「特權房」（分享非法拍攝和性剝削影像的聊天室）和「號碼房」（N號房）。警察在查看聊天室時注意到文化商品券和加密貨幣等訊息。我們稍稍鬆了口氣，以警察的視角，說不定會發現我們忽略的決定性證據。

「終於展開調查了！」這段時間，我們就像身處看不到盡頭的隧道，對眼前發生的殘忍犯罪戰戰兢兢。我們迫切希望調查機關可以體認網路性犯罪的嚴重性，展開徹底的調查。

警方終於立案調查，我們一直潛伏的Telegram聊天室成了「犯罪現場」。我們詢問警察，是否可以繼續潛伏在這些聊天室裡。

「兩位若能繼續追蹤這起案件，可以協助我們調查，所以沒有問題。但過程中除了警方，這些影像絕不可以傳給任何人。」

七月中旬，警方正式展開調查，並在共同開設的KakaoTalk群組聊天室傳來第一則訊息：「請隨時上傳資料，無需考慮時間。」看到這則訊息，我們很開心，這表示他們準備好隨時進行調查。那天以後，我們隨時上傳可以成為逮捕高談房Watchman和其他加害者的證據資料。

這樣的訊息也會有幫助嗎？我們對之前收集的內容半信半疑，但對方鼓勵我們：「不管什麼內容都會成為找到特定嫌犯的線索。」警方沒有忽略我們傳送的任何內容。

@我們幫得上忙嗎？

我們上完程式語言課後，從吃完晚飯一直到凌晨三、四點，每天平均用五個小時收集證據，才上床睡覺。每天早上一醒來也會立刻打開 Telegram，不安地檢視各聊天室超過數千條的未讀訊息一個小時，因為擔心在睡覺這段時間又有新的受害者出現。從報案後七月的第三週開始，我們每天夜裡都在監控，直到昏睡過去前手機從未離手。雖然知道不可能立刻破獲這起案件，但實在無法坐視不理，必須做些什麼。

我們加入了一百多個聊天室。這些加害者上傳性犯罪影片最活躍的時間段是從子夜到天亮，相對而言，早上六點到下午六點這段時間很少有人上傳，這段時間他們會閒聊。僅高談房就有上千人加入聊天，話題也五花八門，聊天從未有過一分鐘的間斷。警方正式展開調查後，我們每天會把聊天室截圖給他們，內容主要是與受害者有關的加害行為和散佈非法拍攝影像的行為。

其實我們並沒有什麼特別的採訪方法。雖然大學主修新聞，但並沒有學習到「網路性犯罪」的採訪方法。在追蹤那些發生在網路上的性剝削行為和踐踏受害者人格的對話，整理成證據資料的過程中，我們領悟到這項工作需要的不是專業知識和採訪要領，而是毅力。我們的唯一信念就是要把這些加害者送上法庭，卻沒想到他們製造的精神衝擊會像細雨般浸濕我們的衣服，滲入我們的內心。熬過那些難以忍受的時刻，不知不覺潛伏工作也進行了一年多。

Telegram 就是戰場，我們的手機相薄完整保留了戰爭的傷痕。調查進度非常緩慢，我們無時無刻都會冒出放棄監控聊天室的念頭，然而就在這段時間裡，Telegram 的加害者仍在持續攻擊受害者。

我們的調查公開後，便有人嘲笑：「追蹤團火花收集證據的方式就像小孩在玩偵探遊戲。」這些人認為僅憑兩個大學生用手機監控 Telegram 聊天室的動態和收集的證據，怎麼會有人相信。這樣想也合乎情理。我們收集的資料不能百分百相信，因為加害者也有說謊的可能。像是有的加害者會自稱畢業於「〇〇大學哲學系，現在在開補習班」，類似對話很多，但我們還是會把這些內容全部截圖，上傳備份。只有這樣，我們才能繼續前進。

@抓不到Telegram的那些人

火花：我們好像鎖定到了「兔子」，這些證據有幫助嗎？

警察：這都是有用的訊息！謝謝。

這是第一天追蹤兔子時，我們與警察的對話。暱稱「兔子」的人約比我們晚兩週加入高談房和衍生房，警方立案調查後，兔子的登場給了我們一線希望，「如果是這樣，就算是Telegram也能抓住他們了」。兔子不分晝夜的積極參與，很快便成為「熱血參與者」。他一開始就在聊天室公開了自己的個資，而且總是擺出一副看誰能有本事抓到我的狂妄姿態。

追蹤兔子的第二天，我們整理出他的個資：○○大學工科系十×屆，近期位置在光州廣域市，最近在大邱旅行。雖然這些匿名主動透露的訊息不能盡信，但也有屬實的可能，所以整理出了這些希望有幫助的內容。

追蹤兔子的第三天，當時積極參與活動的「Yigiya（李元昊）」和「查斯特」（特權房房長）等主要加害者覺得兔子很忠誠可靠，開始對他產生信任。兔子整日待在聊天室不停參與對話炒熱氣氛，接下管理新會員的工作，還不時上傳未成年的性剝削影像。

兔子就跟在熱門論壇 DCInside 上交網友一樣，跟 Telegram 聊天室裡的其他人交朋友，對居住同一地區的人尤其熱情。主要加害者甚至會對一般參與者說：「你們要多跟兔子學習。」也是因為這樣，我們才注意到兔子。

大家想看「新作品」，因此越是大量上傳「新作品」的聊天室，參與人數也越多。主要經營者希望擴大聊天室規模再出售聊天室，因此參與者上傳的非法拍攝影像和參與態度，直接關係到出售價格。加害者從高談房另外開設衍生房，並以分享性剝削影像獲取利益。這些踐踏女性人格的人，想得到的只是金錢。

兔子在高談房衍生的其他聊天室裡活躍地參與對話，很快便成為其他會員的「榜樣」。因為在「特權房」和「自慰房」積極參與，暱稱暴露的頻率較高，僅三天時間，兔子就成為主要加害者眼中的主要會員。

「（附上連結）外國人給的童片[11]，科。」

11「童片」為兒童（Pedophilia，戀童）性剝削影像的縮寫。

追蹤兔子的第四天，他主動上傳了一張在星巴克〇〇門市前的照片到聊天室，還有自己所在的地鐵站照片。我們希望這都是真的，每次他分享自己的日常，我們就會為了找出線索，誘導他多透露一些個資。就這樣，我們把獲得的所有訊息轉交給警方。

我們終於掌握了可以逮捕兔子的關鍵線索。兔子把自己的體檢報告上傳到聊天室，抱怨健康狀況不佳。Telegram 不同於 KakaoTalk，訊息會立即被刪除，為了確保這唯一的證據，我們打開手機螢幕錄影功能。

「速報，本人（體檢）×等級。」

「（應該）重檢吧？」

「只有視力×等級。」

兔子上傳體檢報告和醫院訊息的聊天室是「NOSAMO——我們的黃片倉庫」。這個聊天室共有一千五百人，但只有十幾個主要加害者跟兔子聊天。他們還會沒頭沒腦地說些嘲諷女性的言語，像是「兔子是為了去〇〇大學醫院看護士」。

追蹤兔子一週後，他開始主導以東南亞、澳洲和俄羅斯兒童為對象的「兒童及青少年性剝削影像」消費和散佈。之前他只是暴露身份、積極參與對話，現在慢慢開始原形畢露了。兔子開始向會員介紹只有少數人可以入場的國際聊天室，據悉那裡流通著歐美國家的兒童性剝削影像。

我們將其鎖定為主要加害者沒過幾天，他便在聊天室上傳兒童性剝削影片。如果能鎖定他的個資，就可以以散佈未成年人性剝削影像的嫌疑起訴他了。

火花：以現在收集到的資料很難逮捕他嗎？

警察：確認相關訊息需要走程序，我們已經與〇〇地方兵務廳取得聯繫，等拿到體檢結果屬於×等級的人的名單後，就可以鎖定嫌犯了。現在還在走程序。如果兔子的話屬實，一定可以抓住他！

幾天後，兔子在Telegram上消失。警方終於抓到他了。

@團結的性剝削加害者

逮捕兔子只是開始，其他主要加害者也要付出代價。兔子跟Watchman、Kelly等人相比根本是小巫見大巫，特別是Kelly（申某）對兒童有著病態的執著，他不僅開設了「國內唯一蘿莉房」，還建立多個共享兒童性剝削影像的聊天室。他在聊天室發佈的公告與罪犯孫政宇[12]經營全球性兒童色情網站「Welcome To Video」公告相同——「不允許上傳成人內容」。為了躲避檢舉，Kelly還強調影片必須壓縮上傳。

Kelly在聊天室裡的行為越來越過分，他不僅自豪地炫耀對兒童進行性剝削，還在東南亞旅行時拍攝路上的女童，影片裡他問孩子：「妳要多少錢？」我們把那段錄有Kelly的手和聲音的影片傳給警方。

Kelly自稱是公務員，還向大家傳授通過九級公務員考試的祕訣，他告訴大家去報名身心障礙特考，並聲稱「公務員考試考題能非法盜取」。日後警方逮捕到Kelly後證實，他只是一名準備考公務員的考生。Kelly也是Telegram聊天室最積極的參與者，他會不停發表「歡迎蘿莉」、「歡迎反社會、反人類」、「對高中生沒興趣」等言論，大方炫耀自己是戀童癖者。

很快的，一般參與者也成了積極參與者。暱稱「Kim Master」的人自稱是教會學生部會長，他上傳了教會孩子的背影照和一個七歲女孩躺著露出內褲的照片。看到其他人反應熱烈，他還大言不慚地說很有成就感。對Kim Master而言，非法拍攝是家常便飯，他不但會拍路上的阿姨背影，還偷拍、散佈朋友的母親、教會朋友和國中老師的照片。

把Kim Master視為Telegram裡熟人凌辱的開端也不為過，因為他不分年齡，只要是女性就會偷拍並上傳到聊天室。因此其他參與者也紛紛開始上傳自己朋友的照片。

過沒多久，Kim Master便建立「阿珠媽趙○○」的聊天室。一般參與者都以這種方式按照自己的「喜好」開設新聊天室，讓自己成為經營者。

二○一九年八月二十六日，聊天室裡傳出某受害者自殺的消息，這些人卻毫無罪惡感地推卸

12 孫政宇為「Welcom To Video」經營者。戀童癖者可支付比特幣觀看網站影片，其中包括性侵六歲以下兒童的內容。美、英、德、韓等國家聯手逮捕了三百三十七名網站使用者，遍佈全球十八個國家，其中六成為韓籍使用者。自二○一五年六月網站開設至二○一八年三月破獲網站為止，使用者共進行七千三百多次交易，網站獲得至少價值三十七萬美元的比特幣（約新臺幣一千一百三十萬元）。孫政宇在美國被控多項罪名，最高可判三十年有期徒刑。但在逮捕孫政宇後，韓國法院只判處了一年六個月有期徒刑，今年四月刑滿出獄後，為了躲避美國法務部的強制引渡，孫政宇的父親在五月向首爾中央地檢控告兒子未經本人同意，利用自己的個資開設虛擬貨幣帳戶。七月首爾高等法院以嫌犯需留在國內配合案件調查為由，拒絕了美國的引渡申請，最後不起訴，釋放了孫政宇。

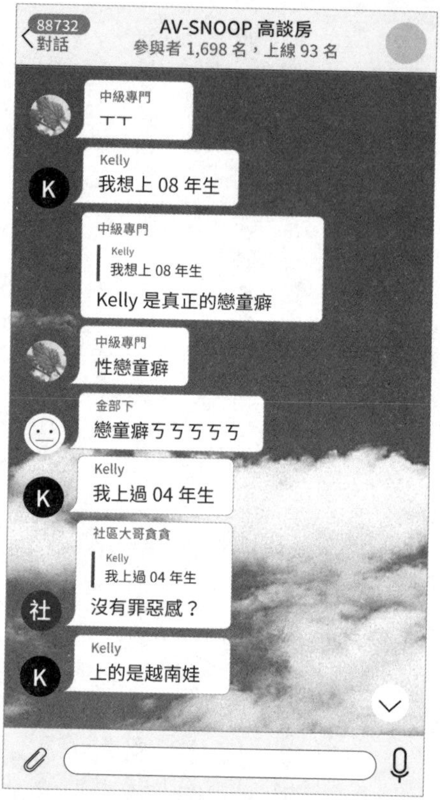

高談房中，Kelly等人的聊天截圖。

責任說「住在〇〇（特定地區）的死了也沒事」、「這可跟我沒關係」。我們百感交集，擔心還會有受害者做出極端行為。雖然我們打給警方，卻沒有能確認的方法。我們幾天沒有闔眼，感受到對人類前所未有的厭惡和憎恨，一心只想殺死那些加害者。

八月底，Kelly消失了。不分晝夜都活躍於聊天室的Kelly突然消失，其他人開始懷疑「Kelly去哪了？被抓了嗎？」。熱血經營者「炸雞胗」認為Kelly不是會突然消失的人，情況一定不妙，於是解散了自己經營的聊天室。當時我們已經得知Kelly被捕的消息，看到這些加害者忐忑不安，我們心想「別急，很快也會抓住你們的」。

警方表示會審問Kelly、逮捕其他主要加害者，於是叮囑我們要確實保密。警方還說，最初Kelly極力否認自己的嫌疑，但一一出示證據後再也無法辯解，才開始積極協助警方。我們知道，他是在執行自己在聊天室屢次強調的「遭警方逮捕時的應對方法」：一開始要極力否認，如果出現進退兩難的證據，再積極協助警方，可以減少量刑。

二〇一九年十一月，Kelly在一審被判一年有期徒刑，卻以判決過重為由上訴。檢方居然以考慮到Kelly對所有犯罪事實供認不諱，沒有駁回。幾個月來，親眼目睹Kelly罪行的我們憤怒不已。僅一年有期徒刑，根本是無關痛癢的懲處。Kelly被判刑當天，我們把他所有罪行整理製作成影片上傳到YouTube，很多人和我們一樣憤怒，輿論也為之沸騰。

隨著嚴懲網路性犯罪的呼聲日益高漲，檢方便在二審判決前急忙提出要求重新審理，並試圖以追加調查改寫起訴書。以上傳兒童及青少年性剝削影片和未經對方同意拍攝性行為等嫌疑追加起訴。

二〇二〇年八月十一日，針對這些追加嫌疑，法院重新開庭，但Kelly聲稱檢方收集證據的過程違法，堅持主張自己無罪。第二天，Kelly放棄上訴，最終宣判一年有期徒刑。

那些加害者非常清楚大韓民國對網路性犯罪的處罰有多薄弱，可以說正是這種荒唐無稽的判決，助長了N號房事件。

@聲稱絕不會被捕的Watchman

二〇一九年九月，「追蹤團火花」的報導獲得新聞通訊振興院的優秀獎，我們心想，Telegram N號房終於可以公諸於世了，一定會有很多記者要採訪我們。這樣就能讓更多人知道真相。但那些加害者一定會拚命想找出我們，該如何是好。」各種想法令我們忐忑不安。然而，世界卻異常安靜，最先反應的不是別人，而是Watchman。新聞出來當晚，Watchman在聊天室上傳新聞截圖說：「Telegram的新聞出來了。」看到截圖內容是我們寫的報導，不禁緊張得心跳加速，因為報導中出現了我們的真名。

不管這些人有多邪惡，世界仍舊靜悄悄的。正因如此，犯罪者的行為才會變本加厲。協助警方調查時，我們不是現職記者，深知自己能力有限。但仍一直收集證據，只為阻止受害者不斷出現，這是我們唯一能做的。當看到能鎖定加害者的對話時，會立刻傳給警方，但警方投入的調查人力遠遠跟不上日益劇增的加害者人數。

九月末，我們注意到高談房房長Watchman沒有跟大家說早安。平時他每天早上都會在相同時間跟大家問好，記得他說過：「如果我早上沒出聲，就代表我被警察抓了。」怎麼回事？難道……終於……我們帶著懇切的心打給警察，他們回覆確認後會通知我們。隔天一早，仍沒看到Watchman出現。

三天後的十月初，警察打來了。我們心想應該是Watchman的消息，於是跑出圖書館接電話。聽到「抓到Watchman了！」時，我們欣喜若狂地在圖書館門口跳起來。終於抓到他了！警方表示，正在追查共犯，叮囑我們一定要保密。如果調查進展外洩，很可能對受害者造成二度傷害。雖然事態依舊嚴峻，至少取得了小小進展，我們忍不住揚起了嘴角。

Watchman消失後，高談房的參與者都在猜測他應該是被捕了。部分會員退出了聊天室，散佈非法拍攝影像的行為也隨即減少，但這一切，不過是暫時的。

@熟人凌辱

十月以後，N號房對這些人而言變成「過氣的遊樂場」，他們開始尋找新對象，搞起「熟人凌辱」。如果有人上傳朋友的照片，一些稱為「能力者」的人便將那些照片跟其他裸照合成在一起，上傳到聊天室，參與者便會針對這些照片發表各種性騷擾言論。他們還以受害者為對象寫一些凌辱性的小說在聊天室自娛自樂。甚至還有「Telegram自衛隊」，加害者會透過隨機聊天或推特，唆使他人進行熟人凌辱，或招募委託人。自衛隊在獲取委託人個資和受害者社群網站等資訊後，會反過來威脅委託人，若委託人不按照命令執行，便會告知受害者，還會將委託人個資上傳到Telegram和社群網站。

這種熟人凌辱聊天室很快便增加成幾十個，老師房、軍人房、警察房、阿珠媽房、國高中學生房等。光是我們加入的熟人凌辱聊天室就超過十個。

起初我們覺得這種合成照至少沒有性剝削影片那麼惡劣，但沒過多久便意識自己大錯特錯。這些人享受著凌辱自己的女友、朋友、家人和老師。面對這種行為，我們不禁思考起聊天室裡的都是些什麼人啊？這些人裡會不會有我們認識的人？在生活中，我們還能相信誰？

幾天後，聊天室出現了我們學校學妹的照片和個資。我們很苦惱，要不要把這件事告訴她。每次在學校遇到她，都會非常糾結和內疚。最終我們還是沒有把這件事告訴她，因為收集到的資訊太少，很難抓住犯人。時隔一年後的今天，每當我們看到她，還是非常內疚。

我們不能坐視受害者增加，必須阻止。我們先利用社群網站的主題標籤功能，搜尋出特定職業群，跟熟人凌辱聊天室的照片逐一比對，找出受害最嚴重的人。但即使找到受害者，也很難輕易把這件事說出口。我們會用私訊自我介紹並告知受害者，妳的照片正成為幾千人所在的聊天室裡性騷擾的對象。這種話真教人難以啟齒。但我們必須告訴她們，並詢問是否能猜到身邊什麼人會做出這種事，最後建議她們報警。

這些鼓起勇氣到各地警察局報警的受害者卻說：「警察說，Telegram 犯罪連搜索令都不會簽發，根本抓不到那些人……」

@受害者A的追蹤記

更讓我們苦惱的是，把這些事告訴受害者卻又抓不到加害者，不是反而讓她們更難受嗎？乾脆放棄吧。其中，有一名受害者A始終讓我們放不下。受害者A的照片不停出現在聊天室，高達一百多張。A就這樣在毫不知情下，成了七百多人聊天室裡的犧牲品。房長自稱是A的朋友，肆無忌憚地散佈A的照片和個資。

「如果加害者是受害者身邊的朋友，豈不就能抓到他了嗎？」我們決定把這件事告訴受害者。受害者的社群網站設為未公開帳號，很難取得聯絡方式，但我們看到她有公開職場訊息，於是打去公司聲稱是她的朋友，請她回電。我們之所以沒有暴露身份，是為了防止不必要的傳聞，並考慮到嫌犯也有可能是她的同事。

我們好不容易與A取得聯繫，向她說明情況，並傳送了部分截圖，詢問她是在哪裡上傳這些原始照片。A驚訝不已，說這些都是上傳到Instagram的照片，自己的帳號是未公開的，只有少數朋友才能看到。熟人凌辱聊天室那些照片顯然出自朋友之手，但A下意識地對這種推測表示反感。考慮到網路犯罪特性，我們猜測可能有人看到她的照片後申請了「追蹤」，而她本人也有同意對方的申請。但A堅決否認這點。她表示，自己的照片只有朋友可以看到，而且近幾年沒有看到網路上有自己的照片。既然如此，那嫌犯可以確定就是她的朋友了。我們勸A報警，但正如我們預料的，Telegram不協助警方調查，得到的回覆依舊是無法簽發搜索令。

A沒有就此放棄，她決定利用「摯友」功能[13]，縮小嫌犯範圍。聊天室曾上傳過A十年前的照片，所以範圍縮小到同學或透過同學認識的男性。A先重新設定了公開範圍，只允許幾個人看到照片。照片上傳後不到兩小時，聊天室就出現了A的照片。A再將粉絲分組，向特定的一組公開新照片。最後，A設定只對一個人公開照片後。很快，聊天室出現了A剛剛公開的照片——原來犯人就是你！

接下來是報警。但A已經不相信當地警局了，因為在鎖定嫌犯前，警方並沒有受理案件。我們建議A向江原地方警察廳網路偵查隊報案，她相信了我們，並採納我們的建議。已經掌握事件概要的警察說：「原則上來講，受害者應向轄區分局報案，但這是網路犯罪，加上受害者希望

13 Instagram可設定「摯友名單」，將貼文只分享給自己設定的帳號查看。

委託我們，所以不分轄區，我們會受理的。」經警方確認，A和我們鎖定的人正是嫌犯，他竟然是A的國中同學。警方在他的手機發現上千張A的合成照和一般照片，並於二〇二〇年一月，以違反訊息通訊網使用促進及訊息保護等相關法律的嫌疑立案，移送地檢署。

他在接受警察審問時說：「我從小喜歡A，卻選擇了錯誤的表達方式。」小時候男孩欺負女孩時，大人總會說：「那是因為喜歡妳。」但這種行為不能視為感情的表達方法。他說這是錯誤的感情表達？不，**這是明確的性犯罪**。

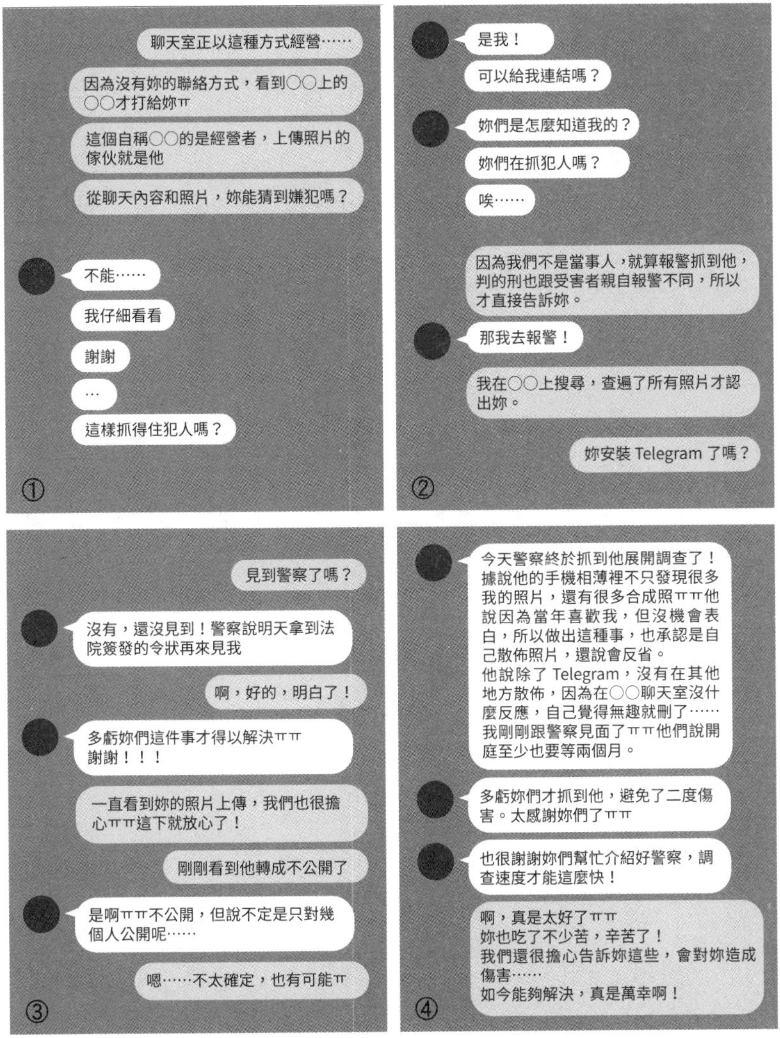

受害者A和我們一起追捕犯人。

@加害者的追悼會

如果主要加害者退出Telegram或銷聲匿跡，聊天室就會舉辦「追悼會」。二〇一九年秋天，Watchman消失後，參與者便開設了可以發送菊花表情符號的「追悼房」。從幾天前開始，Watchman管理的高談房便流傳著「Watchman被捕了」、「聽說他是去泰國旅行，哪傳出這種謠言」等。這種慰勞遭捕嫌犯的「文化」，在趙周彬、Jamcachu等經營性剝削聊天室的主嫌相繼落網後，仍然持續著。

即使警方立案調查，這些人不但不畏懼公權力，甚至還把這種事當作娛樂，彷彿不知道害怕，到底是怎樣的人生，促使他們走上如此危險的鋼索呢？

@媒體是一線希望

二〇一九年十一月，我們接到新聞通訊振興院的電話：「《韓民族日報》社會部的〇〇〇記者向我們詢問妳們的聯絡方式，應該是想採訪N號房的事，可以提供妳們的聯絡方式嗎？」

真是萬幸，終於有媒體關注這件事了！那位記者謹慎地事先詢問提供聯絡方式的意願，這點得到了信任，所以我們提供了聯絡方式。我們心想，終於能引起社會對網路性犯罪的警惕了。來電的記者說看到我們寫的報導，想約我們面談。剛好那天我們人在首爾，因為晚上與建議我們參加新聞獎、報導N號房事件的《國民日報》前輩有約。我們渴望媒體早日揭露Telegram的性犯罪，所以等不及第二天再見面，與前輩分別後，跟那位記者約在汝矣島某咖啡廳。在外面必須格外謹慎地談論此事，因此選了咖啡廳最角落的位置。

面對深夜趕來的記者，一時不知該從哪裡開始講起了。從七月開始潛伏進入聊天室說起，會不會太冗長了？如果我們沒有準確傳達想法怎麼辦？不如只列舉重要的犯罪內容？各種畫面從我們腦海閃過，衡量著犯罪的輕重，生怕錯過了什麼，於是更不敢輕易開口。韓民族的記者要我們放輕鬆，於是我們就從七月進行潛伏採訪的契機開始說明。

「正如您看到的報導那樣，我們原本打算參加新聞通訊振興院舉辦的『調查．深度報導』新聞獎，為了追蹤非法拍攝影像的流通途徑，發現了Watchman的AV—SNOOP部落格，進而看到他寫的有關『N號房』的文章。雖然只有文字，但我們毛骨悚然。

「如果這件事是真的，我們認為這是一起不僅韓國、甚至會讓全世界震驚的性犯罪。我們認為必須馬上讓這件事付諸公論，但大學生的報導達不到這種效果，所以在確認N號房真實存在後，我們立刻報了警。目前我們正在協助江原地方警察廳的網路偵查隊調查，已經持續了四個月。」

「您現在看到的是Watchman經營的『高談房』，現在還有三千多人。幾個月前人數超過七千，自從Watchman銷聲匿跡後，很多人都退出了聊天室。」

「Watchman被警方逮捕了嗎？」

「不知道……（雖然我們知道Watchman已落網，但警方正在追查其他共犯，為了保密所以沒有講出來）調查進展我們也不是很清楚。這個聊天室裡的數千名加害者都知道N號房的存在。光是我們加入的聊天室就有一百多個，說不定這間咖啡廳裡也有人知道Telegram上正發生著性犯罪。但我們很好奇，真的沒有人報警嗎？為什麼看不到任何一條相關新聞呢？

「我們的報導出來後，本以為新聞通訊振興院的股東《韓聯社》會做深入報導，但到現在也沒有人聯繫。我們還在等，現在就算去向媒體爆料大概也不會有人關注，畢竟大家現在都在拚命報政治新聞……而且我們也很擔心會出現過於煽動的報導。現在我們還潛伏在Telegram，追蹤其他性犯罪。

「我們覺得，如果警察不把那些加害者全部繩之以法，受害者就只能一直活在痛苦裡，我們想抓住最初開設N號房的GodGod，他就是在Telegram開設一號到八號房的經營者。他為了躲避警方追查帳戶，收取文化商品券，在Telegram聊天室和推特出售N號房。

「GodGod的N號房裡至少有三十名受害者。他把那些在推特上開設脫序帳號的孩子鎖定為目標，威脅她們『妳爸媽知道妳做這些淫蕩的事嗎？』還冒充警察威脅那些孩子：『我是警察，我會去妳的學校、聯絡妳的家長。』但這件事不能責怪那些孩子。我們最擔心的就是引發二度傷害。如果刊登出是受害者自己開設『脫序帳號』的消息，一定會被模糊焦點，把責難的箭頭對準受害者，而不是加害者。

「GodGod親口承認過對那些受害者進行了長達一年的威脅，以性誘拐（Grooming）[14]的手法徹底摧毀了受害者的人生。希望您能儘可能地詳述受害者的立場。受害者再也無法忍受性剝削，表示

14　火花手記④：性誘拐（Grooming）過程為鎖定受害者→建立信任→滿足欲求→孤立對方→誘導性關係→威脅、性剝削。加害者馴服受害者後，就能輕易地進行性暴力或隱瞞犯行。

『不想再做了』時，GodGod就會騙她們『再拍最後一次就放過妳』。那些受害者以為按照他說的做就能中止性剝削，但他會利用那些影片繼續威脅受害者『告訴妳爸媽』、『會報警』。

「其實，那些加害者已經知道有記者和警察潛入聊天室，所以您在採訪前要徹底做好帳號保密。他們會共享『使用者個資』。如果您不把電話號碼設為隱藏，個資很可能外洩。一定要設為隱藏，名字也不要用人名，最好換個特殊點的名字。」

因為要講解很多資料和犯案手法，光是講到這裡就花了半個多小時。「海螺網[15]」關閉後[16]，網路性犯罪看似被一網打盡，但利用法律漏洞的加害者卻在性剝削未成年人。此外，正是因為存在抓不到那些Telegram上加害者的成見，那些聊天室才能成為今日犯罪的溫床。」講完這些，我們便與記者道別。因為要趕最後一班地鐵，我們講得很急切，也覺得有些不足，於是回家路上又傳了簡訊：

希望透過韓民族記者的報導，將此事付諸公論，幫助盡快破案！明天我們會把資料和Telegram聊天室的連結整理出來給您，期待下次還有機會見面。

二〇一九年十一月初，《韓民族日報》系列報導了模仿GodGod的「N號房」開設「博士房」的趙周彬相關新聞。一週後，我們又與《韓民族日報》記者見面。為了避免二度傷害，提供的資料不包含性剝削影片、受害者長相及受害內容等。

我們期待《韓民族日報》的報導能引起社會輿論，因為我們不是記者，只是學生，寫的報導有所侷限。如今《韓民族日報》挺身而出，全世界一定也都會關注這件事吧。但報導出來後，反應卻不如預期。Telegram聊天室還肉搜了報導事件的記者，使他遭到難以啟齒的羞辱。主要加害者更煽動大家，如果誰能找出記者家人的相關資訊，就提供「稀有影片」，或邀請那人加入付費房。博士（趙周彬）上傳了譏諷《韓民族日報》、調查機關和媒體的公告：

「公告」最終版（二〇一九．一一．二五）

隨著Telegram的事鬧得沸沸揚揚，斑鰩[17]層出不窮，因此只允許經過驗證的人加入。

第一階段　「諾亞方舟」房

不限金額，只要付「門羅幣」[18]即可加入聊天室。

---

15 海螺網（소라넷，Sora Net），伺服器設置在加拿大和澳洲的韓國成人網站，使用者超過百萬人，主要上傳非法拍攝影片，談論性犯罪及進行性交易等。

16 火花手記⑤：二〇一五年十月，社群網站上出現一個名為「告發海螺網」的小型團體，為該「反對網路性犯罪」（DSO，Digital Sexual Crime Out）之前身。該團體即時監控「海螺網」，搜集大量加害者集體策劃、強暴醉酒女性的非法行為，並向執法當局進行檢舉。隨著該事件付諸公論，警方也加快調查。在該團體努力下，擁有百萬會員的韓國最大成人網站海螺網於二〇一六年，經營十七年後遭到警方關閉。

17 原為貶低韓國全羅道出身的人的用語，Telegram聊天室將不適應氣氛的女生稱為「斑鰩」。

18 與比特幣、以太幣相同，為難以追蹤餘額及交易內容的加密貨幣，且更注重隱私。

第二階段　資料房「藝術之夜」

博士將把所有資料都上傳至「藝術之夜」。門羅幣五十萬韓元。

第三階段　極強保安的「預扣房」

在Google Market或App Store下載「〇〇〇」通訊軟體後上傳ＩＤ。價格一百五十萬韓元。該房間已上傳大量明星內容，包含電影演員。

@第二N號房

我們與《韓民族日報》的記者見面後沒幾天，Telegram 聊天室又預告了另一起性剝削犯罪。暱稱為「蘿莉隊長泰範」的人開始招募「第二N號房開發者」，他在自己經營的「★官方連結，資訊共享房★」裡發佈了以下公告。

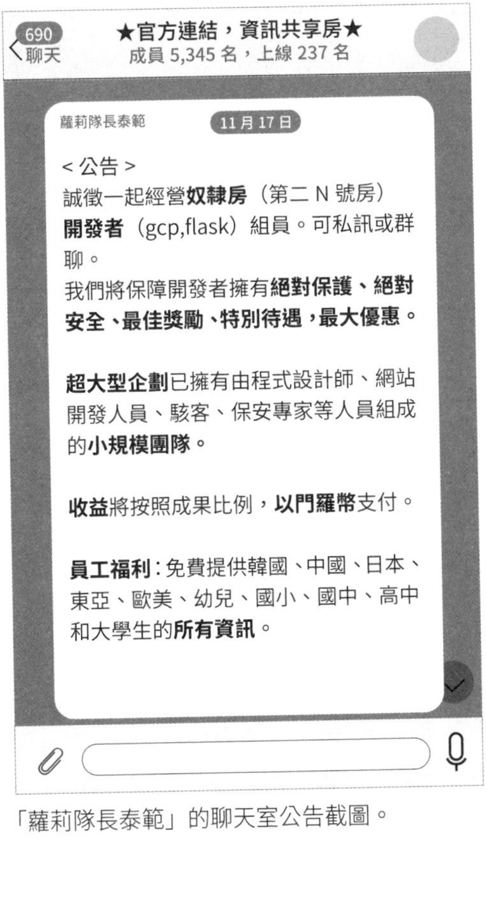
690
聊天
★官方連結，資訊共享房★
成員 5,345 名，上線 237 名
蘿莉隊長泰範
11月17日
<公告>
誠徵一起經營奴隸房（第二 N 號房）
開發者（gcp,flask）組員。可私訊或群聊。
我們將保障開發者擁有絕對保護、絕對安全、最佳獎勵、特別待遇，最大優惠。
超大型企劃已擁有由程式設計師、網站開發人員、駭客、保安專家等人員組成的小規模團隊。
收益將按照成果比例，以門羅幣支付。
員工福利：免費提供韓國、中國、日本、東亞、歐美、幼兒、國小、國中、高中和大學生的所有資訊。
「蘿莉隊長泰範」的聊天室公告截圖。

我們問警察：「您看到這個聊天室的公告了嗎？」

「感謝提供，我們會進一步確認。」

《韓民族日報》已經報導了Telegram性剝削，預告犯罪的公告也截圖傳給了警察。我們心想，不會再有受害者了。

但幾天後，我們發現第二N號房出現了三名受害者。據悉他們已經對受害者進行了長達一個多月的性剝削。聊天室成員依舊把那些受害者充滿痛苦的影片當作「滋潤自己人生的A片」在消費。

「蘿莉隊長泰範」裴某（19）在我們目睹這些罪行約一個月後，遭到警方逮捕，才阻止了影片散佈。這些人在一審中被求處以下刑罰：蘿莉隊長泰範（裴某，19）少年法院最高十年、最少五年有期徒刑[19]；薩默斯比（金某，20）八年有期徒刑；難過貓咪（柳某，20）七年有期徒刑；潤浩TM（白某，17）少年法院最高九年、最少五年有期徒刑。

我們會持續關注他們在二審是否會依法判處最高刑罰。

@Welcome To Video 使用者聚集地

暱稱「太陽」的人經營多個不同名稱的 Telegram 聊天室。暱稱「Spider」的人在其中一個名為「乾淨的房間」（以二〇一九年十一月二十八日為標準，共有四百零四名參與者）裡，於凌晨一點左右上傳了一段不到十歲的兒童性剝削影片，沒過多久便立刻刪除。他虛張聲勢地說：「我連這種影片都有。」甚至故作「奉獻」的煽動別人：「我分享了，你們快點下載吧。」

最初我們以為這是「N號房」的性剝削影像，但仔細觀察後發現這些影片中的受害者年齡最小。上傳影片的 Spider 也是個蒙著面紗的人物。他是誰？到底是誰威脅孩子做這種事？我們很快便看到了這些性剝削影片來源的線索。

19 根據《兒青法》，最高可判處未成年人最高十年、最低五年有期徒刑。法院考慮到未成年人尚有教化可能，因此即使求處最高十年徒刑，也可在刑滿五年時，根據當局判斷提早釋放。

「這都是從哪裡來的？光自己知道太過分了。」

「我也好想知道哪裡找來的。」

幾個人對影片來源產生好奇，其中一人回答：「是不是在ＯＯＯ找到的？」

「沒錯，但我覺得○○○[20]更方便。」

Spider公開來源後，通知大家會再上傳一次，並強調影片上傳後，有兩個人點擊確認的話就會立即刪除。這麼做是為了躲避Telegram禁止上傳兒童性剝削影像的規定。在暗網[21]的最大社群「Korea Channel」搜尋ＯＯＯ網站，令人震撼的文章眼花撩亂：

○○○現在文章數：約一萬件／會員數：約七十萬兩千人。

ＯＯＯ現在文章數：約一萬五千件／會員數：未公開。

○○○今年七月上線，僅第一季度會員就突破七十萬人。

ＯＯＯ（的會員數）預估輕鬆突破一百萬人。

國產貨的話，「○○○」比「ＯＯＯ」多。

很多人想看非法影片，使得受害者更多，而且受害者年齡越來越小。就在我們無動於衷的這段期間，又有多少孩子在流淚，在忍受痛苦？

暗網中的「Welcome To Video（W2V）」是世界規模最大的兒童性剝削影像網站，多達二十五萬件兒童性剝削影片在該網站販賣、散佈。該網站是最早公告「不要上傳成人影片」的。從二〇一五年七月開始，經營該網站的孫政宇靠剝削兒童的性、踐踏他人人格，不法所得至少四億韓元。二○一八年三月，孫政宇落網，二審以經營性剝削網站判處一年六個月有期徒刑。但在韓國國內使用「Welcome To Video」的二百二十三名會員中，僅有四十二人遭到起訴。二○一八年八月，美國聯邦檢察署以九項嫌疑起訴孫政宇。二○一九年四月，美國法務部向韓國申請引渡孫政宇。

二○二○年四月，決定審查引渡孫政宇後，他的父親便在青瓦臺國民請願網站上傳了「遣送美國過於殘酷」的請願書。七月六日，韓國法院以維護司法主權，及配合展開國內性剝削影像消費調查為由，決定「不批准遣送美國」。韓國法院的決定使得世界最大規模的兒童性剝削網站經營者孫政宇，在二○二○年七月六日恢復自由之身。

很多人對韓國法院的輕判感到憤怒，相反的，也有很多人很開心，那些人正是「Welcome To Video」的使用者。這些人中大部分以緩刑被釋放，或只被判處極輕的處罰。這些兒童及青少年性剝削的罪犯就在我們周遭繼續安逸地過著好日子。而他們流竄聚集的地方，正是Telegram的N號房，和暗網的口口口、○○○。

20 口口口和○○○均指製作、散佈、流通兒童性剝削影片的網站。

21 火花手記⑥：暗網（Dark Web）與NAVER、Daum、Google等表網（Surface Web）不同，需用特殊軟體、特殊授權、或電腦特殊設定才能存取，能保障匿名性、無法追蹤IP地址。由於無法被一般搜尋引擎索引，暗網成為駭客非法獲取個資、殺人委託、競爭企業的營業機密等非法交易的場所。

@無法刪除Telegram

十二月，進入Telegram聊天室本身對我們成了一種壓力。協助警方調查，向媒體檢舉，我們盡自己所能做了所有事。從發現Telegram N號房後已經過了五個月，韓國社會依然無動於衷，我們感到前所未有的空虛和無力，加上要準備期末考和就業，監視聊天室的時間也相對減少。我們也考慮過乾脆刪除Telegram，但終究沒能做到。

光是看到Telegram的Logo就夠痛苦了，自從看到朋友也出現在聊天室後，我們更加痛苦難抑。意識到身邊沒有可以相信的人，那種心情真的太淒涼了。雖然痛苦，我們至今仍常常感到後悔。就算這件事不能立刻解決，但如果從一開始就收集證據，就能逮捕更多加害者，也能多救出一個受害者了……

二〇二〇，新年將至。N號房漸漸被更多人知道後，SBS《想知道真相》也在節目上打出字幕「募集了解Telegram祕密聊天室N號房者，或受害者舉報」。我們心想，「對啊！《想知道真相》

是無線臺，一定很有影響力！」於是立刻打了電話，但沒有人接。我們在兩週內打了七次電話，都沒有通。也寫了舉報郵件，都沒有收到回信。我們抱著最後一線希望又打了一次電話，終於節目編劇接起電話。對方說：「節目負責人現在不在，我們會再聯絡妳們。」我們又等了一個多月，始終沒有接到負責人的電話。

當時，我們又看到MBC《實事調查隊》在節目網站上募集關於Telegram N號房事件的內容，於是聯絡了節目組，並與節目編劇見面。進行採訪前，編劇對我們說：「既然妳們接受了我們的採訪，就請不要再聯絡其他電視臺了。」他還補充：「受訪者與多家媒體接觸有違商業道德。」但我們覺得這件事應該儘可能地廣泛宣傳，假如《想知道真相》節目組打來怎麼辦？但考慮到目前肯傾聽我們的電視臺只有這一家，於是同意編劇的提議，接受了採訪。

我們解釋了Telegram N號房事件的概要，為了講解網路性犯罪的多樣性，舉了我們與熟人凌辱的受害者A一起追查加害者的例子。聽到這件事後，《實事調查隊》節目組向我們詢問了A的聯絡方式和姓名。去年在《韓民族日報》邀請下，A接受他們的採訪，報導方向卻只是批判警方對網路性犯罪調查的消極態度。我們知道A不願受訪，於是直接拒絕了。

雖然覺得《韓民族日報》的報導很恰當地傳遞出「即使是Telegram上的犯罪也能夠逮捕歸案」的訊息，但A反而覺得自己給警察添了麻煩，很對不起幫助自己的警察。光是照顧、癒合自己的傷口就已經很吃力了，A卻還在為他人著想。從那以後，A再也不肯受訪了。受害者不願受訪，自然不能強迫，因此我們拒絕了所有詢問A聯絡方式的媒體。

採訪結束後，《實事調查隊》製作人再次詢問可否提供A的聯絡方式。我們再次拒絕，製作人表示：「如果採訪不到受害者，節目可能無法播出。」採訪結束幾天後，我們持續收到節目組的電話和簡訊，一再要求我們提供受害者聯絡方式。A得知後，甚至還寫了一封拒絕受訪的長信，請我們轉交給《實事調查隊》節目組。儘管A強硬拒絕，節目編劇始終沒有放棄，甚至提出就算不能提供聯絡方式，至少可以告訴他們A的公司地址吧。

二〇一八年，韓國記者協會和女性家庭部共同起草的《性暴力、性騷擾事件報導共識標準及實踐綱要》中，針對採訪時注意事項，第二項明確指出：「當事人或其家人有權拒絕受訪。在對方表明拒絕意向後，媒體不得持續要求採訪，造成對方困擾。當事人拒絕後，媒體不應作出負面報導。」很顯然《實事調查隊》節目組違反了報導準則，這讓想成為記者的我們也對媒體產生質疑。

在這種情況下，如果連我們也視而不見，刪除Telegram的話，那更不會有人關注了。受害者影片一直浮現，我們痛苦不堪，每天都在掙扎著要不要刪除Telegram。我們意識到，這件事不是靠監視聊天室並向警方舉報就能解決的。我們協助警方調查已有數月，Telegram上的性剝削日復一日，每天都在發生。到底盡頭在哪裡呢……

上傳的非法影片，短則幾日、長則數年的在網路流傳。看到這些人上傳的「〇〇女廁偷拍」，不禁會讓我們陷入「說不定自己也是非法拍攝受害者」的恐慌。在充斥暴力的Telegram裡，我們太脆弱了，也成為長期暴露在性剝削影像下的「受害者」。在追蹤性剝削犯罪的當下，受害者的痛苦是我們無法估量的。面對這些擺在眼前卻看不見的痛苦，唯一消除它的方法就是紀錄犯罪現場，挺身作證。至少我們應該這樣做。

@博士開始用那些影像賺錢

二〇二〇年×月，那天的夜格外地漫長。「博士房」經營者趙周彬表示，自己將開設一個以性剝削為目的的收費聊天室。將根據性剝削次數，出售從十萬到一百萬韓元不等的入場券。入場券則要從虛擬貨幣交易平臺購買門羅幣。

他接著上傳了一段宣傳收費聊天室的影片，只見受害者面無表情地按照趙周彬的指示讀出自己的姓名和宣傳語。觀看這段宣傳影片的人數超過了五百人，加上收費聊天室已經開設，我們根本無法預測到底有多少收費會員。趙周彬還公開受害者的實名、職場和住址等個資。「這該怎麼辦……」我們心跳加速，但能做的只有報警，於是立刻撥打電話。

免費聊天室「博士房」不斷出現「受害者凌辱直播」文字。最終，趙周彬開設了收費聊天室，在聊天室裡煽動會員調戲和威脅受害者。雖然我們沒能加入收費聊天室，但了解到免費聊天的人數已經超過一百多人，他們不斷分享受害者的實名和受害內容。必須抓住博士，但這只是趙周彬的問題嗎？抓住他一個人，就能結束受害者的痛苦嗎？

有需求才會有供給，是那些博士房的付費會員，助長了趙周彬的勢力。

該從哪裡斬草除根呢？我們整整一夜沒有闔眼，彷彿有人一直在耳邊竊竊私語：「若受害者做出極端選擇，都是因為妳們沒能阻止……」我們從沒有這樣埋怨過自己，但能做的，只有收集證據……

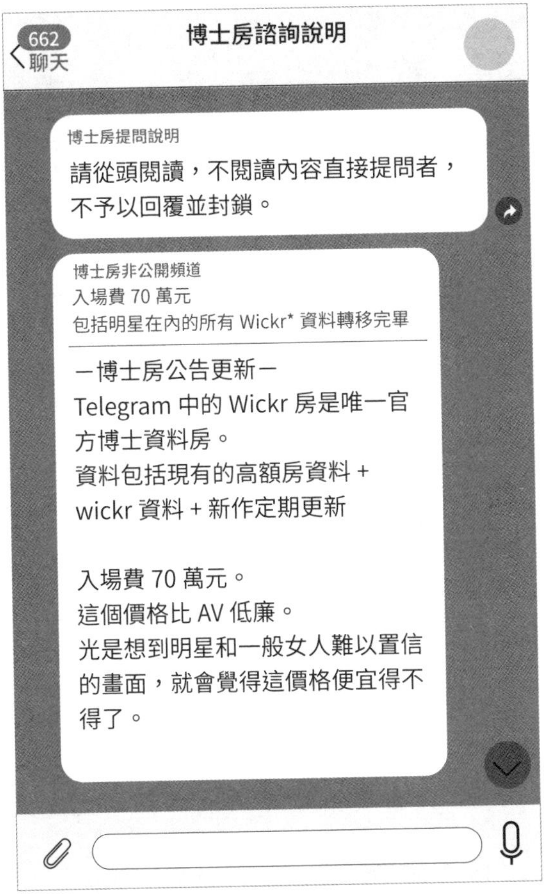
662
聊天
博士房諮詢說明
博士房提問說明
請從頭閱讀，不閱讀內容直接提問者，不予以回覆並封鎖。
博士房非公開頻道
入場費 70 萬元
包括明星在內的所有 Wickr* 資料轉移完畢
－博士房公告更新－
Telegram 中的 Wickr 房是唯一官方博士資料房。
資料包括現有的高額房資料 + wickr 資料 + 新作定期更新
入場費 70 萬元。
這個價格比 AV 低廉。
光是想到明星和一般女人難以置信的畫面，就會覺得這價格便宜得不得了。

博士房收費聊天室開設通知截圖。

*加密通訊APP。

@對國會失望

二〇二〇年二月，ReSET在「國會國民同意請願」網站上傳了「解決Telegram網路性犯罪請願」。只有連署人數達到十萬，國會才會受理，但這很快便成了頭號請願。

超過十萬人的連署請願，是國民對解決網路性犯罪不負責任的國家表達憤怒的發聲。向國會議長提交請願的第二十屆法制司法委員會（法司委）於三月五日，通過了利用Deepfake[22]技術的「處罰性暴力犯罪等相關特別法修正案」等四項法案。

但法案通過後，國民仍認為杜絕網路性犯罪的政策力道不足。當天出席法司委會議的大部分人士連「N號房事件」和「Deepfake」都搞不清楚。法司委的某國會議員甚至發表了以下言論：「難道自娛自樂也要被罰嗎？」、「不能連腦袋裡想這種事也處罰吧？」、「難道有人請願就都要立法嗎？」[23]

這些國會議員的發言等於對N號房事件的受害者進行二度傷害。很明顯，這些人並不了解網路性犯罪，當天的會議讓我們見證了這些人慘淡的認知水準。既然是法司委，至少該了解一下自己審查、討論的法案內容吧？那瞬間，我們對於聲稱要杜絕網路性犯罪的立法部門徹底失去信任。

當天會議結束後，各大媒體爭先恐後地報導國會通過了「N號房防治法」。但通過的這項法案只是對利用「Deepfake」進行非法行為的強化處罰。我們認為，更名為「Deepfake處罰強化法」更恰當。

N號房事件（未成年人性剝削）和Deepfake的本質是相同的，都是「性剝削」，犯罪形態卻完全不同。Deepfake不過是我們在Telegram上看到的數百種犯罪類型之一。此次請願是希望立法「徹底杜絕」Telegram上各種形態的網路性犯罪。可想而知，這次提交國會請願、並為此動員十萬國民連署的ReSET，以及那些與之共同爭取的女性有多氣餒和鬱悶。

22 AI deep learning fake，人工智慧深度造假，又稱深度學習造假或深度偽造。

23「人家也可能是在創作藝術作品啊！」這就是制定Deepfake處罰法案的高級公務員的安逸認知。《京鄉新聞》，二〇二〇．三．十八，申潤智記者。

@N號房浮出水面，博士被捕

就在我們心中的火花快要熄滅時，《國民日報》朴前輩打來，希望採訪我們，然後寫一篇追蹤N號房全過程的報導。我們在《國民日報》做實習記者時，曾寫過針對男性為主的網路社群所存在的弊端的報導。當時請一位男主管指點，遭到對方拒絕。也許他覺得這種社群弊端算不上什麼大問題。最後我們找到朴前輩，在他的幫助下完成報導。我們心想：「如果是朴前輩，或許能讓這個問題付諸公論吧。」我們花了三個小時向前輩詳細講解了發生在Telegram上的各種犯罪。雖說這是我們該做的事，但不管是講述這件事的我們，還是傾聽的前輩都非常痛苦。

二月底，《國民日報》朴前輩表示：「新聞焦點都被COVID-19蓋住了，所有報導都被往後延，目前很難得到版面。」沒辦法，我們只好等待，但不能什麼都不做。我們帶著必須往火花裡加入柴薪，才能讓烈火熊熊燃燒的信念，重新開始監控Telegram。

二〇二〇年三月九日，《國民日報》終於刊登了「N號房追蹤記」報導。當時，我們正為就業做準備，一邊期盼著政府能出面解決這起事件。

三月十七日，新聞稱警方已逮捕「Telegram 博士房」主嫌。我們看到嫌犯試圖自殘後，猜測這人很有可能就是博士。這種人為了否認犯行什麼都做得出來。第二天，新聞證實了他就是「博士」。雖然這是期盼已久的結果，但我們簡直不敢相信這是真的。我們打給警察、《國民日報》和《韓民族日報》的記者，交換了感想，互相鼓勵一番。看到數月來讓我們徹夜難眠的嫌犯落網的好消息，我們卻還是很難受。因為 Telegram 上還有很多必須逮捕的加害者，那些必須刪除的性剝削影片依然在上面流傳。

三月二十五日，警方公開了趙周彬的個資。看到他一臉傲慢的出現在鏡頭前，不肯低頭認錯時，我們百感交集。手握麥克風的記者一再發問：「不跟受害者道歉嗎？」「不覺得內疚嗎？」趙周彬卻閉口不答。他是百口莫辯嗎？還是根本不覺得自己做錯了呢？看到他連一句道歉也沒說就上了囚車，內心充滿了近似殺意的厭惡和憤怒。受害者的心情更是可想而知。

博士個資公開的瞬間，常駐 Telegram 的會員便大舉退出聊天室。此後數月，由於警方擴大調查，製作和散佈影片的行為相對減少了。但仍留在聊天室裡的人並沒有停止熟人凌辱和散佈非法拍攝影片，他們甚至說：「時局如此，先看這些，知足吧。」

這就是為什麼博士被捕六個月後的二〇二〇年九月，我們仍然無法退出 Telegram 聊天室的原因。

@劈哩啪啦，星火燎原

《國民日報》的「N號房追蹤記」系列報導刊出後，報社收到來自四面八方支持「追蹤團火花」的郵件。三月十七日，博士落網的新聞播出，「N號房追蹤記」再次受到矚目，各大媒體也關注起從二〇一九年七月開始進行潛伏採訪的兩名大學生。當時正準備就業的我們，因「最初」報導N號房事件的「追蹤團火花」而備受矚目，一切都讓我們感到陌生。但激動的是，有那麼多國民對這件事感同身受，跟我們一同憤怒，也讓我們對杜絕網路性犯罪產生信心。

最先提出採訪邀請的是《傳媒今日（Media Today）》。受訪前，我們提出了希望媒體以事件為中心進行報導的要求，並指出「在如實報導受害事實、宣導犯罪嚴重性的過程中，需盡量避免使用刺激性用語。出於這樣的理由，在報導受害事實時勢必會遇到難處。Telegram N號房事件的報導刊登以後，希望媒體在不引發二度傷害的前提下，從各個方面積極尋找解決問題和嚴懲加害者的方法。」

最後我們向媒體請求和呼籲兩點：「請記者前輩多寫關於N號房的新聞」、「出於二度傷害的擔憂，請不要寫太刺激性的內容」。但在博士落網後，媒體似乎只關心趙周彬的一舉一動，還把他塑造成惡魔，爭先恐後地報導起加害者的人生經歷。面對這樣的媒體，我們備感絕望。受害者的安危全被拋在腦後。二〇二〇年三月二十三日，我們以「追蹤團火花」的名義，表明了自己的立場：

> 大家好，我們是追蹤團火花。是由兩名大學生組成、追蹤以Telegram為站點進行網路性犯罪的團體。
>
> 火花正持續追蹤Telegram的網路性犯罪，我們從去年夏天開始潛入包括N號房、熟人凌辱房、Deepfake房和博士房等一百多個正在發生網路性犯罪的聊天室進行蒐證。這項工作至今仍在進行中。過去九個月裡，我們監控這些聊天室，並收集了大量證據交給警方和媒體。
>
> 火花是最初報導和檢舉該事件的人。我們在二〇一九年九月獲得了新聞通訊振興院舉辦的第一屆「調查・深度報導」新聞獎。獲獎新聞正是從去年七月開始，為期一個月潛入以Telegram「AV-SNOOP高談房」為中心散佈各種非法拍攝影像的聊天室，及「N號房」調查採證的成果。
>
> 二〇一九年九月，新聞通訊振興院網站刊登了我們的報導。採訪Telegram N號房事件期間，我們認知到問題的嚴重性，於二〇一九年七月中旬向地方警察廳報案。同年十一月和二〇二〇年二月，先後向《韓民族日報》、MBC、《國民日報》、SBS等媒體進行舉報，提供了自二〇一九

年七月收集到的聊天室連結和對話等內容。

我們不是為了守住「最初報導者、最初吹哨人」的頭銜而開始的，一直以來，我們只是為了解決這起事件，做著力所能及的事。希望「最初」的頭銜不會妨礙火花的後續行動。我們把目標鎖定在杜絕網路性犯罪「文化」上，希望告訴大家，以Telegram為根基的性犯罪，不過是龐大的網路性犯罪文化中的冰山一角。

未來火花也將積極協助媒體進行採訪，扮演導正視聽的角色。我們也將為援助受害者和預防二度傷害而努力。這也算是為了我們自己，火花希望與大家共建一個女性不會再為網路性犯罪而憤怒、不安的國家。

第二部

成為火花——火與煸

@第一章——相識

[火]：那個學姐人怎麼樣？

煓是系上學姐，雖然我跟她只差一屆，但系上學生多，跟她並不太熟。我們在二〇一八年平昌冬奧時一起做過義工，那時我和煓在同間宿舍生活了三週，卻連飯都沒一起吃過，偶爾在走廊碰到就尷尬地打聲招呼。說實話，我覺得她滿有距離感的，雖然對煓的印象不差，卻也沒什麼好感。每次看她熱衷於自拍的樣子，我都覺得跟她不是同路人。

和煓還不熟的時候，有一天另一個朋友跑來說，煓剪了短髮。人家剪什麼髮型干我什麼事，所以聽聽就算了。但在學校看到煓，發現她真的跟從前不一樣了。及肩長髮變成用髮圈也綁不起來的短髮，平時費盡心思化得高翹的長睫毛也恢復成原本的樣子。記得煓說討厭大腿看起來很粗，連冬天都會穿裙子。可是她居然沒有穿裙子，而是換上直筒褲。大家都很詫異，我也很好奇，為什麼煓放棄了長髮、化妝和裙子呢？

某個夏天，我和煓在一家報社的網路新聞部做實習記者，拉近了距離。在眾多實習記者中，能得到前輩認可的人屈指可數，我和煓就是其中之二。我們在兩個月內關注了很多性犯罪事件，並且努力寫成新聞，煓寫了很多關於MeToo運動和日軍慰安婦的新聞，我則寫了與非法拍攝影像有關的新聞。基於具備相同的問題意識，我們開始密切交流，也自然產生了革命情感。

系上有個同學得知我和煓變成朋友，還來問我：「那個學姐人怎樣？」她的口吻不是單純在問「這個人怎麼樣」，而是帶有「煓成了女性主義者後，是不是變得很怪」的含意。我沒有像煓那樣成為一個積極的女性主義者，但也沒有在別人背後說三道四的興趣，反而覺得比從前更坦蕩表達自己的煓很了不起。所以只回了一句：「什麼怎麼樣，人不都一樣。」

我和煓在學校一起選修一門寫新聞稿的課，我們借鑑實習記者的經驗，作業主題定為女性問題。教授看了作業後，建議我和煓去報名參加新聞獎。據說第一名的獎金高達一千萬韓元。我和煓志同道合，當然不會錯過教授推薦的機會。那個學期快結束前，煓提議放假時一起去上程式語言課。「程式語言……？」對於我這種百分百的文科生而言，程式語言簡直是一個遙遠的國度。但轉念一想，如果能學會程式語言就能運用在深度新聞的呈現上。一番思考後，我接受了煓的提議。那個暑假，我們從早上九點一直到下午六點，沒有一天休息，聽了差不多四百九十小時的課。

除了睡覺，我和煓幾乎整天在一起。正因為這樣，我發現了之前不曾了解的一面。當時，煓對所有男生都充滿敵意，甚至會口出惡言，遇到不修邊幅的男生就會生氣。雖然沒有直接對煓說，心裡卻在想：「有必要這樣嗎……」

現在回想起來，煓的女性主義似乎也經歷了幾次變化。不只是煓，很多人都會經歷這樣的過程。煓是領先於我的人，她會思考很多問題，面對很多問題，然後力求改變那些問題。在與煓共度的時光裡，我們懷揣著相似的想法與信念，交流了很多，也產生許多共鳴。總而言之，我們就這樣成了志同道合的夥伴。

[煓]：有機會與火交流了！

火說，她一口氣讀完了一本書。那是昨天一個書痴朋友借她的女性主義散文，我正打算借來看，卻被火搶先了一步！火看書的速度比我快，只好乖乖讓給她了。火說，本來打算睡前翻幾頁的，沒想到太有意思了，結果一直看到凌晨三點。我問她哪裡有意思，火說：「就像有人幫忙抓了很癢的部位。」火說，在讀這本書前，都不知道「那個時候」就是性別歧視的時候，我感到莫名激動，心想：「終於可以跟她討論女性主義了！」

我按捺內心的喜悅，繼續聽火說。她指的「那個時候」，是二〇一八年我們在學校參加媒體考試讀書團時。火回憶起我們參加《82年生的金智英》讀書會，她對自己當時講的話很慚愧。我忘了火說了什麼，只記得一個男同學在讀書會上發言：「《82年生的金智英》只是極少部分人經歷的性別歧視，卻包裝成所有韓國女性的經歷，這是在扭曲事實。這本書是『紀實小說（faction）』，作者卻扭曲事實，製造男女對立。」顯然那個男同學對這本書十分不滿。火說，當時怒火中燒的我站出來極力反駁，相當激動。

那段時間，我自負地認為自己是最聰明的女性，也對女性要如何在不公平的社會生存感到悲觀。為了參與「掙脫束衣運動[24]」，我剪了短髮，努力想擺脫社會性的女人味。期末考近在眼前，所有活動都取消了。看到我Instagram上的短髮照片，也許火會想：「這個學姐是怎麼了？」

在媒體考試班上，火突然問我：「學姐，妳那時為什麼跟我做朋友？」聽到這個問題，我笑了好久。不過才一年，火發生了什麼事呢？其實，我很高興能遇到一個可以輕鬆討論性別歧視和女性主義的朋友。當時的氣氛是只要有人提及「女性主義」的字眼，就會遭人白眼。雖然現在也有人強烈反對女性主義，但那時人們甚至覺得這種想法很幼稚。我們就像跨越了一條警戒線，在警戒線的另一端看到了不曾知曉的社會內幕。透過學習女性運動史，製作女性主義小物進行Meaning

24 Escape The Corset（#탈코르셋），二〇一八年發起，將束衣比喻為加諸女性的審美規範，鼓勵女性掙脫一般審美標籤，追求屬於自己天然的美。掙脫束衣。

Out[25]，彷彿給自己增添了許多智慧。

禁止跨越的線不止一兩條，職場性騷擾、薪資差距、獨自育兒和彭斯守則[26]，社會存在的差別待遇用十根手指都數不完。踏入社會前，我們眼前就豎起了這些高牆。站在準備就業的學生立場，目睹到江原樂園、國民銀行和韓亞銀行的就業性別歧視問題，怎能不教人產生挫敗感呢！

[火]：我們如此不同

雖然希望朋友跟我相處時可以很自在，卻不太容易，因為我不是那種看起來很好相處的人，有時甚至會有點敏感。如果有人和我同喝一瓶水，我會不讓嘴唇碰到瓶口；更別說穿著襪子踩在床上了，從外面回來也不會直接躺在床上。因為這種敏感、挑剔的性格，大家都覺得我很難相處。我也很討厭自己這樣，但沒辦法，這就是我。如果能像別人那樣不把心情寫在臉上就好了，但我只要心情稍差都會被一眼看出。提到我時，也許有人會想到緊鎖的眉頭、噘著的嘴和壓低嗓門講話的聲音。

為了不顯露這種性格，我也費了一番努力。即使遇到不順心的事也會裝沒事，強顏歡笑。但跟煓在一起，我沒有掩飾自己，甚至原原本本地展露了出來。起初也不是這樣，那時看到煓做了我不喜歡的舉動時，雖然很想說些什麼，最終還是吞回肚子。但組成「追蹤團火花」後，我們必須經常在一起，就再也無法掩飾了。我苦惱了很久，終於還是向煓說出了真心話：「我不喜歡學姐這樣做，希望妳能注意一點。」我瞄了一眼煓，本以為她會一臉莫名其妙的看著我，沒想到她卻點點頭，說下次會注意，還為之前做過的事向我道歉。僅憑這點，就能看出我和煓有很大不同。

如果有人指責我或說些不中聽的話，我會立刻反駁，但煓不會。很少有人會馬上承認自己的錯誤並道歉，這是很了不起的舉動。我和煓變成好友已經一年多，這段期間我們都切身感受到彼此的「不同」。我喜歡狗，煓喜歡貓；我有一個姐姐，煓有一個妹妹；我喜歡體格健壯的男生，煓喜歡瘦削可愛的男生；我是會察言觀色的人，煓不是。不是說她不顧別人的感受，而是跟我相比，她沒有那麼敏感罷了。當然，我們各自打發時間的方式也不同，我喜歡獨處，而煓更喜歡跟其他人在一起。

也許會有人好奇，性格迥異的兩人要怎麼一起合作一年呢？在追蹤N號房的過程中，我們堅定了揭露真相、幫助受害者的信念，思考著怎麼做才能減少受害者的痛苦，以及如何報導才能避免二

25 Meaning out，指透過消費行為展現自己的理念。例如在社群網站使用主題標籤，或在衣服、包包上加入有意義的文字和圖案，以此吸引社會關注。

26 Pence Rule，二〇一七年MeToo浪潮興起，美國副總統彭斯宣稱為了避免任何被懷疑的情況，不參加沒有妻子陪同的聚餐酒會。

度傷害。在反覆思考的過程中，我們做了力所能及和必須去做的事，讓我們產生了親密感。能夠安慰、支持我們的人，只有我和煓。有煓，才有現在的我。我們之所以能堅持到今天，都是因為在想放棄時，煓說的那句：「我們現在已經做得很好了。」

有時，煓會對我說：「幸虧有妳在，謝謝妳。」每次聽到她這麼講，我都很不好意思。雖然害羞，但還是希望透過文字表達自己的這份心意。

因為有妳，我也覺得很踏實，而且充滿力量。謝謝妳，還有，我愛妳。

[煓]：我們當朋友吧！

我們系上想當記者和製作人的人不多，同學對記者這種職業也不太關心。但我是夢想當記者才報考這個系，進了學校後卻發現，跟我志同道合的人少之又少。就在我覺得孤獨時，遇到了火。

我和火都是新聞系，卻只在一門課上遇過，而且還是在快要畢業時。能在離開學校前變成朋友，也是奇妙的緣分。我和火除了都想當記者，還有一個共同點，那就是以大學生的身分積極參與了很多校外活動。說實話，我沒想到自己會跟火變成好友，更沒想到會一起參加拿到獎金就能一次還清學貸的大型新聞獎。如今，我們天天每隔五分鐘就會聯絡一次，還會暢所欲言地講些在別人面前難以啟齒的事。因為總是膩在一起，兩個人的想法和語氣也逐漸變得相似。能用「我們」來稱呼我和火，真是一件神奇的事。

當然，在組成「火花」前，我們也在校外活動見過面。我和火一起做了一年義工，見到火與外國人溝通時，覺得她實在太厲害了。我遇到外國人時總會驚慌失措，想到的單字也在腦中亂成一團。能與加拿大人和美國人優雅自信地交談的火，給我留下「英語達人」的印象。

火在校外和校內的樣子截然不同，她能從社會結構的角度看待個人領域的問題，並為解決問題付出努力。正因他人和自己在社會結構中是相互連結的，所以火不管做什麼都會展現負責任的態度。做實習記者時，我們每天必須寫五篇以上的新聞。這絕不是一件輕鬆的事，火卻得心應手。我看過火寫的新聞稿，有一半以上的內容都是在為受害者發聲，內容細緻、謹慎且嚴肅，她採訪並報導了那些遭遇非法拍攝、約會暴力和校園暴力的受害者。我很好奇，做這些時不會感到痛苦嗎？實習生活結束後，我和火的緣份也自然而然地斷了。我們開始忙碌於各自的生活，然後去年三月，又在學校相遇了。

看到火也選了「資料新聞學」這門課，我很開心。我們一起到學校附近的咖啡廳聊起彼此的近況，抱怨統計程序有多難。可能都是文科生的關係，才覺得很難。但隨著「資料新聞學」越來越受重視，如果想找到理想工作，就要掌握最基礎的Excel和程式語言，再難也得硬著頭皮聽下去。我們還打算考一些有助於找工作的證照。

雖然那天見面是在互相吐露對未來的不安，我的內心卻異常平靜、舒服。能陪我聊這些的原本只有室友波妞，如今又多了一個火。我們久未見面，但火沒有問我為什麼突然剪了頭髮，也不好奇我是否談戀愛。我很感謝她不帶任何成見的接受我當下的樣子。從那天起，我產生了想要跟火交朋友的心情。

資料新聞學每兩週要交一次使用統計程序寫的新聞。新聞報導重要的是要有能貫穿整體的問題意識，我和火得益於實習記者的經驗，整個學期都取得很好的分數。學期即將結束，我們進入實習階段。在製作文字雲[27]並找出關鍵詞意義時，大家都迷失了方向，只有我做出了像樣的內容。就在我心滿意足地環視四周時，看到正在努力摸索的火。我叫火過來，告訴她如何寫程式語言，並展示自己的成果。火連連讚嘆：「哇，太厲害了，謝謝。」。當時，系上成績領先的男同學來找我幫忙，雖說製作數據資料不是難事，但我為了遵守跟火之間的義氣，拒絕了他：「問我還不如向跟教授請教呢。」我只把程式語言告訴了火。

後來我心想，這樣下去不行，於是以一起準備期末考為由把火約到咖啡廳。既然我們聽同一門課，考試時無疑會成為競爭對手，但我和火還是成為一起備考的好朋友。我像補習班的猜題老師一樣對火說：「火，這題要記住，考試一定會出。」那門課是我很感興趣的領域，也做足了準備，加上有十足信心能在全班拿到A+，才會想把自己知道的知識都傳授給火。

也許是這種努力有了幫助，我和火很快便成了好朋友。我提議一起申請這次暑假由國家贊助的就業課程，並把文宣遞給火。看到上面寫著暑假兩個月都要在學校聽數百小時的程式語言課程，火考慮了半個多小時，最後接受了提議。我們一起去交申請表的路上，火走在前面，我心想自己果真沒有看錯人，可靠的就業夥伴就在這裡啊！

我和火計畫利用暑假時間，一起讀報紙準備申論考試[28]和找工作。怎麼也沒有想到兩個月後，會看到手中的「地獄」。

27 將關鍵詞進行視覺化描述，用於匯總用戶生成的標籤或一個網站的文字內容。

28 與傳統命題作文不同，是提供一段論述文字或資料，根據資料進行分析並陳述自己的觀點。

@第二章——有點不對勁，有點不舒服

[火]：不偽裝、真實的自己

我家有兩個女兒，我排行老二。父親總是為沒有能一起去澡堂的兒子感到遺憾，每次看到他這樣，母親就會很內疚，明明母親也不能決定孩子的性別。我希望父親不再因為沒有兒子而空虛，也不願看到母親因為那樣的父親而內疚。

兒子的角色？有什麼了不起，我來扮演就好了！我會陪父親一起玩摔角；幼稚園時，我把小朋友打到流鼻血，惹得老師來找家長；國小時，我拿鐵鍬跟人家打架，打到頭破血流；跟家人一起吃飯時，我會故作豪放把一整條五花肉塞進嘴裡。每當看到我這樣，父母就會說：「妳真應該是個兒子！」

但我並沒有總是表現得像個「兒子」。在父母面前我是個「像兒子」的女兒，但在前男友面前，我的一舉一動都像溫室裡的小花。在父親面前只要五大口就可以吃掉的漢堡，在男友面前卻因為不好意思張口，一小口一小口地吃。即使肚子還沒飽也會剩下一半，每吃一口都要擦一下嘴，桌上的紙巾都被我用光了。我連上廁所都不好意思講，總是假裝說「我去洗一下手」或「我去接個電話」，然後跑去上廁所。去廁所的時間太久也會擔心被男友誤會是在上大號，總是急匆匆地趕回來。

我在父親面前的誇張舉動出自於「如果是兒子應該會這樣」的想法，因為父親想要一個兒子。相反的，在男友面前扭扭捏捏地連個漢堡都吃不完，則是出自於「女生應該這樣」的想法。兩者皆不是真實的我，而是偽裝出來的我。當然，我現在也很喜歡大口大口地吃東西，卻很難再在父母面前表演一口吞下整條五花肉了。當初那麼做是為了盡孝、為了討父母歡心，但現在我會遵從自己的內心行動。

成為「火花」的一份子後，我開始努力尋找真實的自己。不是那個偽裝成「豪放兒子」的我，也不是故作「文靜女友」的我，而是真實的我。與過去不同的是，無論站在誰的面前，我都會展現出真實的一面。如今，我覺得自在、幸福，再也沒有像穿著不合身衣服的感覺了。

[煓]：還會那樣嗎？

高二新學期的第一堂國文課，擔任隔壁班導的國文老師問，誰是班長啊？我立刻舉手自我介紹。老師說有事要拜託我，要我下課後到教務處去一下。我心想這樣可以親近老師，還有點興奮。

「我還以為班長成績很好呢，也不怎麼樣啊。」

看來我是白興奮了。

「國文成績還可以，還有兩年，好好努力吧。」說完，老師揉捏了我的手臂兩下。

聽到「好好努力」，我回了一句：「是！」但不知怎地，心裡卻很不舒服。二年級整個學期，國文老師一直很疼愛考進全校前五名的副班長，我們這些學生一眼就能看出他的偏心。那時我才明白，當班長的必備素養是「功課好」。

國文老師看到我就會跟我搭話，故作親切地噓寒問暖。我是班長，所以不能表現出不耐煩。二年級第一學期快結束時，同學間有了傳聞，「因為手臂內側的肉跟胸部的觸感很像，國文老師才喜歡揉捏學生的手臂」。聽到這種傳聞，我十分不安。換了夏季制服後，我天天祈禱不要再撞見國文老師。雖然走教務處門口的樓梯可以直接去餐廳，但我還是選擇繞道而行。

看到最近掀起的「校園MeToo」，不禁讓人回想起那件事。那時，就算老師的行為是性騷擾也沒有人會相信，當時就算感到不對勁，卻也沒向學校反應，所以直到今天，這個心結還留在我內心深處。高中同學聚會時，大家提起那件屬於「校園 MeToo」的事件時，我們便會忍不住罵那個國文老師十八分鐘[29]。也很感謝那些拿出勇氣的學妹，她們替我們做了那件當時應該有人做，卻沒人做，不，是沒有人敢做的事。整個韓國社會都該為此感到羞愧。

「小女孩不會永遠長不大，我們會變成堅強的女性來摧毀你的世界。」

這是受害者在法庭上對曾任美國體操國家隊隊醫、並在任職的三十年間性侵了三百三十二名女選手的賴利．納薩爾說的話。即使是現在，我也要對國文老師說出這句話。

[火]：那真的是愛嗎？

我和男友從國二開始交往了整整五年。在長達五年的時間裡，我們至少分手了十幾次。他提分手就分手，他想和好就和好。

29「十八」韓語發音與髒話相似，在此為暗喻。

為了方便，這裡叫他「勳」好了。勳非常討厭我穿短裙，平時在學校穿制服，但週末約會時，我都會依照他的喜好穿長短適中的洋裝或褲子。交往一周年時，為了慶祝，我們決定週末出門約會。

為了赴約，我提前三小時精心打扮，用不熟練的手藝試著捲頭髮，但捲得高低不平，怎麼也不滿意，最後不得不洗了兩次頭。一週前，我苦苦哀求姐姐跟她借了新買的洋裝，為了搭配洋裝還偷穿了她的皮鞋。我生怕發出咯噔咯噔的聲音，於是拎著皮鞋走出玄關。我照著電梯裡的鏡子打量自己，覺得完美極了，滿懷自信地朝約會地點走去。步行十分鐘抵達電影院後，我看到勳站在電影院門口，笑容滿面地朝他揮手。勳的表情卻很嚴肅，眉頭緊鎖，好像生氣了。他大步走到我面前。

「這什麼啊？趕快回家換套衣服。」

「怎麼了……今天是我們一周年，我花很多時間打扮的……」

我不是沒有預想到他這種反應，但畢竟是一周年，應該會「放過我這次」吧。無奈之下，我只好回家換了一套衣服，等我換了條牛仔褲回來後，電影已經開場很久了。勳問我，妳剛才穿著那套洋裝的十分鐘，知道有多少男生從妳身邊經過嗎？我不耐煩地回了句：「什麼？我哪知道。」勳聽了我的回答表示，恨不得挖掉那些男生的眼睛，他還一再強調：「我是因為愛妳。」我生氣又鬱悶，這是以愛為名的暴力。當時，勳十六歲，我十五歲。

幾個月後，我升國三，勳上了高中。原以為沒有了勳，學校生活會很無聊，但我和同學玩得很開心。國二時為了跟勳在一起，沒機會跟班上同學相處，因為總要看勳的臉色，也很難跟班上男生講一句話，但現在沒有那種必要了。並不是我討厭動，雖然談戀愛時也分過手，最終還是和好了。那時如果沒有交男朋友，可能我連一個男性朋友都沒有。

我進入跟動一樣的高中，看到他和學姐在運動場上嬉笑打鬧、跑來跑去，假如換作是我和男同學這樣，他一定會去找人家理論。「為什麼你可以隨心所欲，我就不行？」每次我們都會為這種問題爭吵。按照動的說法是，自己和女性朋友玩沒關係，但我不一樣，因為除了自己以外的男生都是狼。最後我們各退一步，決定都不跟異性朋友來往。我真的好懷念國三那段生活。

我從國三到高中畢業一直擔任班長，動也對這件事很不滿，理由是會跟其他男幹部一起開研討會。現在回想起來，動只是希望女友安靜地順從自己罷了。經歷了數次分手、和好，最終我們因為這樣那樣的理由徹底分手了。但我不後悔跟動談戀愛，因為當時很多人都這樣。我也是不久前才意識到情侶之間存在的性別權力。

[煓]：大人的提議

我在家門前的餐廳打過工。每週五天，每天六小時，做了差不多一個月後，經理莫名其妙的提出一個提議。現在想來，那應該是一個「出軌」的提議。

我在餐廳的工作是負責接訂單、端盤子，包括我在內共有十二名員工，除了一個跟我負責同樣工作的同齡女孩，其他人都是男性。當時在餐廳工作的員工都是從開店就一起共事的人，大家互相照顧，感覺就像家人。因為剛開業沒多久，有很多客人光顧。每天要端很重的盤子，還要接待無理的客人，我的身心越來越疲憊。幸虧有一起工作的同齡朋友和同事，我才能撐下來。會破壞職場溫馨氣氛的總是那兩個三十多歲的大叔，金經理和黃經理。

「端啊，黃經理說他喜歡妳這一型的。」金經理開玩笑的說。黃經理喜歡我這一型？他可是兩個孩子的爸爸。我只把它當玩笑地一笑置之，也沒太在意，心想大家好不容易忙過了午餐時間，可以鬆口氣，他才會開這種玩笑吧。

「妳願不願意當黃經理的 Office Wife？」

Office Wife，生平第一次聽到這個詞。我納悶地反問：「那是什麼？」金經理什麼也沒說，盯著我看了半天，然後走進廚房。這什麼意思？我詫異地看向黃經理，只見他漲紅著臉，抽動著上揚的嘴角露出暗藏心機的笑容，慌忙地看向四周。氣氛變得詭異，大家突然開始找起事做，只有那個同齡女孩接住了我慌張的視線。「怎麼回事？」我朝她咧了咧嘴，莫名的不安感包圍了我。

那天回家，我上網輸入了「Office Wife」，相關關鍵詞出現了出軌、十九禁和外遇等字眼：

Office Wife，辦公室配偶：指在職場互相依靠，維持親密關係的女同事。二〇〇六年，據美國某職業顧問公司調查顯示，百分之三十二以上的職場人承認擁有辦公室配偶。（《週刊東亞》二

○○八年九月號）

這個詞用在公司裡關係好的同事身上？如果這個詞純粹指關係好的同事，那我應該也可以有稱為「Office Husband」的人吧。我立刻輸入「Office Husband」，卻沒有出現這個詞。

十名中三名有Office Wife，出軌危險性

已婚上班族偏好Office Wife，夥伴還是外遇？

比伴侶更親密的同事，Office Spouse是危險關係還是正面關係？

從這些新聞標題和關鍵詞便可以了解到他們開玩笑的用意。「Office Wife」就是「外遇對象」，黃經理到底在想什麼？我不寒而慄。看完那些解釋「精神出軌」的新聞後，我的心情糟透了。難道是我做了什麼讓黃經理誤會的事嗎？我反覆思考自己的行為，但我什麼也沒做啊。他是有婦之夫，我也有男友，有好幾次男友還在我下班時來餐廳接我。我非常不舒服，但還是去理解他，就算是兩個孩子的爸爸，也有喜歡別人的權利。況且，電視劇裡不是常出現這種情節嗎？

黃經理打電話來時，因為是職場上司，也不能不接。我一接起電話，黃經理就明朗的說：「煸啊～我是為了薪水的事打給妳。妳講電話的聲音可真像個孩子啊～」

像個孩子？用自己孩子照片當手機桌布的人竟然講出這種話？人要懂得分寸吧……我早就看穿黃經理以薪水為藉口打給我的把戲，感到渾身不適，本應立刻打斷他，我卻下意識地笑著回應他。實在無法理解自己的舉動，這一點也不好笑，我不想笑，但我卻在笑。我很氣憤，如果我不是個小員工，而是老闆會怎樣呢？他們還會目中無人、嬉皮笑臉的說什麼Office Wife嗎？那天晚上，我作了個夢，夢裡我用巨大的斧頭砸毀了那間餐廳。一個月後，我辭掉了那份工作。

[火]：學習柔術

什麼？有女人可以制伏男人的武術？

我星期六很晚才起床，走到客廳打開電視，躺在沙發上用遙控器換了幾個頻道，找不到有趣的節目，便滑起手機。「柔術可以不受力量的限制、鎮壓住對方，無論對手是誰都可以用技術取勝。」聽到電視裡傳出這句話，我放下手機，看向電視。

國小時，我學了差不多五年的合氣道。在黑帶的我眼中，男同學揮舞的拳頭就跟胡鬧一樣，他們都說我是電影《我的老婆是老大》裡的「黑道老婆」，在學校幾乎沒有能靠力氣欺負我的男生。我總是氣勢洶洶，但上了國中後情況就變了。國小還跟我個頭差不多的男生突然長高，每次看到我都會衝過來挑釁：「喂，黑道老婆～我們來單挑！」就算每次都輸給我，他也始終不放棄。

上國中後，他還是一直在我周圍晃來晃去、要找我單挑。我跟往常一樣準備應戰，但發現情況有所不同了，他已經比我高出好幾個頭。我才切身感受到他再也不是小學生了。他的身高讓我有些畏縮，但再怎麼說我也是「黑道老婆」，我心想，就算個子高又能差到哪去。但當他一腳踹過來時，我痛得差點哭出來。幸好上課鈴聲響了，老師走進教室，他也立刻收手。我坐回書桌前，回想剛才的事。我竟然輸了……一直都是我贏，我一直都比他有力氣……氣死我了！我甚至因為自己不是男兒身而感到委屈。也是從那時開始，我開始思考起男女身體差異的問題。

那天以後，我只能接受和順應男女身體上的差異了。但出現了柔術！靠技術可以克服身體差異，並且制伏對方！真是讓人眼前一亮。星期天，我到柔術學院付了學費，買好道服，開始上課，不禁回想起第一次去學合氣道的回憶。柔術很有意思，能練出一身汗。我走到外面透氣時心想，從今往後我也可以用力氣制伏男人了。想到用技術可以保護自己，內心才得以平靜，也產生了回家時，不管誰跟在我後面都可以應付的自信。但我高興不起來。我產生了更大的疑問：為什麼我必須靠柔術這項運動保護自己的安全呢？為什麼我要擔心有人會尾隨我？這現實讓我很沮喪。

二〇二〇年五月，發生了「首爾站隨機攻擊」事件。一名男性攻擊了素昧平生的女性，導致受害女性眼部出現撕裂傷、顴骨骨折。報導引述，男性施暴的理由為「她撞到我的肩膀」。如果撞他肩膀的人是個身材魁梧的男性，他也會這樣攻擊對方嗎？不，就算只是一個普通成年男性撞到他的肩膀，他也不會使用暴力的。

二〇一六年五月，三十幾歲的金城閔躲在江南站附近大樓的公廁，殘忍地殺害了一名女性。那間公廁先後有六名男性使用，加害者卻輕易地「放過」了他們，直到有女性走進廁所，才動手將其殺害。這是明確的厭女犯罪，警察、檢察和法院的結論卻是「這不是出於對女性的厭惡，而是思覺失調症引發的非預謀犯罪」。是男性就放過、只選擇女性殺害的行為，怎麼能稱為非預謀犯罪呢！

以女性為目標的暴力犯罪日益增加，司法部門卻仍然強調加害者罹患的精神疾病，甚至為他們的未來擔憂。逮捕「首爾站隨機攻擊」加害者的搜索令遭到駁回，「江南站隨機殺人」的加害者也以身心脆弱為由，減輕量刑。

對女性而言，這是性命攸關的問題，檢察官卻駁回了搜索令，法院也為之減刑。社會無法保障女性的安全，使得女性必須在自己的包包放入自保工具，利用業餘時間學習防身術。就算我再怎麼努力學習柔術，也不能百分百保障自己的安全。如果對方持有兇器，或力量懸殊到難以用柔術技巧制伏的話，那我該怎麼辦？面對突發狀況，腦子只會一片空白。預防犯罪不是女性要各自解決的問題，解決厭女犯罪，是國家的責任。

[煳]：我們經歷一樣的事，為什麼只有我心情不好？

我看著鏡子裡的自己，緊身條紋洋裝搭配最近新買的白夾克，好看極了。洋裝是有彈性的棉材質，非常舒服，而且有種自然低調的穿搭感，我很常穿出門。三月的天氣還涼颼颼的，我在外面套的白夾克長度適中，很配那件洋裝。最後選了一雙舒適的運動鞋，令人滿意的運動穿搭就完成了。這樣精心打扮是為了參加高中同學聚會，大家共享學生時代的美好回憶，所以就算再忙我也會抽空赴約。有人生日時也會聚在一起，差不多一個月一次，算上我在內總共九個人，所以一年差不多能見九次。

九個人聚齊的日子讓人興奮不已。我和兩個朋友先到了，等其他人等到肚子太餓，於是三個人先進餐廳點了菜。這時，朋友打來問：「喂，造型氣球買了嗎？」這次聚會的主角囑咐我們一定要準備那種最近流行的金銀色字母氣球。怪不得今天化妝這麼快，原來剩下的時間都要用在這種事上。我們趕快衝去文具店買了氣球，然後一邊嚷著肚子餓，一邊跑回了餐廳。

就在我們返回餐廳的路上，背後傳來陌生人的聲音：「我們國家的女人好像都不會穿衣服。」

「怎麼了？」

「看前面。」

前面的話，就是在說我和朋友囉？我平時耳朵很靈，周圍誰說我什麼都能察覺到，他們分明就是在詆毀我們。因為前方兩公尺範圍內只有我們，而且他們緊跟在我們身後。回到餐廳後，我不禁想「應該不是在說我們，只是誤會」、「我的打扮很奇怪嗎？」、「洋裝搭運動鞋不適合嗎？」、「難道是我最近胖了？」我胡思亂想著，很難專心聽大家在聊什麼。

朋友們邊喝酒邊拍照，根本沒人對我說的話感興趣。「妳們不覺得剛才在我們後面罵韓國女生的那幾個人很過分嗎？」大家拍照的快門聲淹沒了我的問題，「我穿什麼關他們什麼事！」

雖然我提高嗓門，卻聽到朋友不著邊際的回應：「熵啊，起碼妳胸部大，穿什麼都好看。真羨慕。」

才晚上八點，我的手機相薄裡就存了當天拍的一百多張照片。雖然「HAPPY BIRTHDAY」的簡寫「ＨＢＤ」中的「Ｄ」字氣球總是掉下來，但生日派對的主角還是對我們佈置的氣氛很滿意。看到朋友高興，我也很開心。但話題中斷時，總會想起那幾個人的話。我明明身在生日派對，應該跟好久不見的朋友開心相聚，卻感到憂鬱。由於一直想著那件不開心的事，進而牽連出去年冬天發生的事。

那天也是朋友生日。大家準備搭末班車回家時，發生了那件事。我們從二十歲開始喝酒，還定了一個不成文的規定，那就是生日派對結束後要一起合影留念，那天我們也在地鐵站前拍了合照。就在這時，一個三十多歲的中年男人拿出手機拍我們，跟他同行的五、六個男人圍在旁邊。我聽到拍照的快門聲後環顧四周，正好跟那個拍照的男人四目相對。

「你是在拍我們嗎？」

「不是。」

「我明明聽到快門聲了，請給我看一下相薄。」

「我沒拍。」

正如前面所說，我耳朵很靈，哪怕是路人講我的閒話，我也能立刻察覺。我們爭執了一會兒，男人的朋友不耐煩地催他打開相薄，我看到他拍了我們大腿的特寫。可能是作賊心虛，焦距都很模糊，但可以肯定的是，他是故意拍這些照片的。

我氣得直跳腳。「趕快刪掉。」我看著他刪掉那些照片後才走。

但就在我質問那個男人為什麼未經允許偷拍我們時，其他幾個朋友卻先走了。也就是說，當五個男人包圍我和另一個朋友時，其他人卻丟下了我們。一股悲傷湧上心頭，我恨透了那些丟下我們離開的人。過了一會，其他幾個人看到我板著臉，問我怎麼了，我把剛才發生的事說了一遍。

「那個男人偷拍我們，妳們怎麼可以先走呢？」大家不以為然地回答，世上瘋子那麼多，何必跟他計較呢。我的腦袋嗡嗡作響。那個人拍的不止我一個，而是所有人，大家卻不以為意。聽到她們的回答，我恨不得馬上回家。當時我們坐在回家的地鐵裡，我默不作聲，沒有參與她們的聊天。至於她們說了什麼，我已經不記得了。

[火]：日常暴力

國中時，我和朋友一起打工發傳單。雖然知道那樣做不對，但為了趕快發完最後一疊、趕快回家，於是在公寓社區的每家門上一次貼上兩、三張傳單。沒想到後來這件事被發現了，工作管理人坐在廂型車裡摸著我的大腿說，傳單不能這樣發，要從妳的時薪裡扣兩千元。當時我只顧著那兩千元，根本沒想到應該向摸我大腿的男人提出抗議。

國一也發生過類似的事。研討會結束後，我去照相館洗照片。在等待的半小時裡，照相館老闆說我長得很像某個藝人，一直摸我的臉和頭，還跟我要洗好的照片。那家照相館位於商街二樓最隱密的地方，當時我覺得如果大聲呼叫，說不定會遭遇更可怕的事，只能靜靜坐在那裡忍受這一切。照片洗好後，我立刻衝出照相館、跑向補習班。

我坐在教室裡淚流不止，把老師嚇壞了，把我帶到院長室。我描述了來龍去脈後，老師隨即打給我的父母。父母立刻報了警，但那個對青少年性騷擾的人卻只受到停業兩週的處罰。幾天後，我問父母那個叔叔為什麼這樣，據說那個人辯解：「覺得我像自己的女兒。」同樣的戲碼，無論是過去還是今天，一點都沒變。

國二時，男生A跟我鬧著玩，不小心拍了一下我的胸部。A連連向我道歉，說自己是不小心的。既然是失手，我只罵了他幾句，便沒當回事就過去了。誰知到了午餐時間，別班的男生B走到我面前說：「聽說A摸了妳的胸部？」我很生氣，卻無法反駁，只能躲在廁所最裡面的隔間大哭。我很想痛打A一頓，但連面對他都讓我感到羞恥。可是該感到羞恥的人明明不該是我，而是他啊。

現在回想起來，過去經歷的都是一些大事，但因為當時什麼都不懂，沒有追究到底，以至於之後又遇到其他性騷擾。高一時我是班長。某次表演活動中，我和班上四個女生穿著小洋裝一起唱了首歌。活動結束後，班上幾個同學一起圍坐在便利商店門口，喝著飲料在聊天。突然有個男同學對我說：「班長要是穿著剛才唱歌的那套衣服倒酒的話，一定××的好喝。」

至今我還清楚記得他講的每一個字。那個男生剛轉學來沒多久，因為是出國留學回來的，比我們大一歲。十八歲的他竟然對十七歲的我講出那種話。我一時驚慌失措，只是結結巴巴地罵了他幾句，在座的同學雖然也覺得不妥，但也只是覺得而已。

剛成年時，聚餐結束後，我和幾個喝得醉醺醺的朋友站在街頭，突然有人從背後摟住我的腰。我以為是醉酒的朋友，回頭一看卻發現是個素未謀面的男人。我嚇得放聲大喊，那個男人卻搖晃著身體噗哧噗哧地笑起來。周圍的朋友都喝醉了，沒人注意到我發生什麼事。男人丟下一句：「我有點醉了，抱歉啊。」然後一直笑個不停。我一點都不覺得好笑。後來發現我的朋友上前說：「不要理喝醉的人。」趕走了那個男人。那一個月我都沒有睡好覺，二十歲的第一個月，充滿了憤恨和委屈。

雖然在生活中經歷無數次這種事，但我沒有意識到這是蔓延在韓國社會的強暴文化（Rape Culture），只把這些當成是自己運氣不好，偶爾才會遇到「少數」壞蛋。二〇一六年，江南站隨機殺人事件發生後，我也很憤怒，但這股憤怒的火苗未能持續燃燒。在此期間，社會開始出現以「女性」和「社會弱勢」的議題。

我和煓參加的媒體考試班也展開激烈爭論，老師居然把男女分成兩組。女方認為這是關乎生存、令人不安的問題，男方則提出質疑，這不過是「部分人」的問題，不能看成「整體」的問題。他們還提出，為什麼把男人都看成潛在的加害者；真正覺得委屈的人不是妳們而是我們；加害者另有其人，為什麼要我們承擔責任？……我沒有加入任何一方，只是靜靜坐在那裡，最後勉強地開口說了一句：「我不想參與這種對立的吵架。我長這麼大，似乎沒有遭受過性別歧視。」這是我有生以來說過最不著邊際的一句話了。沒有遭受過性別歧視？國中、高中、照相館和二十歲那年……接二連三發生的事，難道不是性別歧視嗎？

我努力對那些事不以為意，唯有這樣才能活下去。從小到大，社會就不停對妳耳提面命：都是妳太敏感了；男孩那麼做是因為喜歡妳；別想了，一直講個沒完只會讓妳的人生更辛苦；妳和加害者都有各自的人生，忘了吧，這種事誰都會經歷一次……如果從小到大一直聽到這種話，便會自然地迴避經歷的事和受辱感。導致我也會問自己——這是我的錯嗎？這個問題肆意踐踏著那些鐵證如山、留在我心底的回憶，最終把我塑造成一個敏感的人。我的不安、恐懼、羞恥心、受辱感和不舒服，透過這種方式被稀釋，然後漸漸沉入了水底。

後來又發生了一件事。那是星期五，我搭車回家過週末。下車時已經晚上十一點左右了。回家路上會遇到一條岔路，因為我要直行，所以站在路口等紅燈。可能是晚上的關係，感覺紅燈的時間特別長，於是我調頭朝小路走去。但我察覺到剛才跟我一起等紅燈的男人一直跟在我身後，我心想，「難道他也改變路線嗎？」就在我轉頭看去時，那男人躲進了旁邊的草叢。雖然只是一瞬間，但當我親眼看到他躲藏的身影，不禁毛骨悚然，背後冒出了冷汗。確定那個男人在跟蹤我後，如果還按照剛才的速度走就太危險了。我不顧一切開始往前跑，口袋裡的東西接二連三的掉出來，但我無暇顧及這些，一直跑到了燈火通明的便利商店裡，立刻癱坐在地上。就是那一瞬間，我恍然大悟到曾經認為與自己無關的事，就近在眼前。

自從那件事以後，我開始在Facebook和Instagram等社群網站上分享自己的經歷。很多男性會說：「誰教妳走夜路，才會遇到那種事。」但我沒有理會他們。這些人在生活中經歷過幾次「被人跟蹤」或「被人監視」呢？他們感受過這種恐懼嗎？說不定很多男人都沒經歷過。而女性呢？應該沒有必要多問了吧。

[火]：姐姐是對的

我念國小時，有一天姐姐帶著一個比我還要大的熊玩偶回到家。她說那是男友送的。竟然收到那麼大的玩偶，真羨慕。然後大概過了兩週，有一天姐姐突然叫我：「喂，放胖！（「放肆的胖子」的簡寫，姐姐給我取的綽號）到我房間來一下。」我心想她是又要使喚我了吧，於是氣呼呼地用腳踢開她的房門。

「幹麼？」

「妳不是想要這個？拿去吧。」

「真的？給我？妳要給我？為什麼？」

「我跟他分手了。」

「蛤，為什麼？為什麼要跟送妳玩偶的哥哥分手？」

「他連我穿什麼衣服都要管，不讓我穿短裙、短褲。他以為他是誰啊，憑什麼管我。」

我心想，男友這樣也不過分吧，有必要為這種事分手嗎？我回到房間，抱著那隻粉紅色的熊開心得不得了，「熊熊，你來我這裡就對了，我姐很怪吧？」收到熊的那一天，我對姐姐百依百順。

不久前整理冬衣時，我把衣櫃裡的夏衣也都清了出來。看到衣櫃最裡面有一團粉色的毛，依稀回想起那件往事。為什麼那時我會覺得姐姐很固執呢？現在我們分隔兩地，時隔一個月我打給了她：「姐，那時的事妳還記得嗎？妳給過我一個熊玩偶。那時候是什麼事傷了你們的感情啊？」這件事已經過了十幾年，姐姐記不得了。經過我再三說明，她終於找出了隱藏在額葉深處的記憶。

「我又不是他的所有物，為什麼要聽他擺佈。」

即使姐姐不說我也能猜到，但聽到她親口講出來，我心裡爽快多了。國中時，我聽從勳的話，跑回家換衣服，跟我年紀相仿的姐姐卻做出了不同選擇。當本人的穿衣喜好受到制約時，姐姐選擇了分手。我是很聽父母話的女兒，認為他們說什麼都是對的。相反的，不管父母怎麼指責姐姐的穿著打扮都動搖不了她的意志，她只堅持穿自己認為漂亮的衣服。

姐姐是對的。父母所謂的「女人穿裙子會成為男人的目標，所以穿著要端莊」的意思，其實是把犯罪的責任推給了女性。姐姐堅持：「我穿這樣不代表就是我的錯，是那些把我當成目標的傢伙的錯！」

「就算被爸媽念，我還是想穿什麼穿什麼。多虧了我，他們才改變很多想法。妳應該感謝我。」

雖然自以為了不起的姐姐有點討厭，但我還是覺得不被別人的話動搖、主宰自己人生的她很酷。

[煓]：母親做的海苔飯捲

母親喝得醉醺醺地回家，看到餐桌上放著她早上做的海苔飯捲，生氣地說：「海苔飯捲怎麼還在這？要放到壞了再扔掉嗎？」看到母親端著盤子要把海苔飯捲倒進廚餘桶，我趕快上前阻止她，成功奪下她手上的盤子。但就在這時，只聽見啪一聲悶響，一個冰冰、硬硬的東西猛地擊中我的脖子，正是放在冰箱裡、包海苔飯捲用的大火腿。我大吃一驚，丟火腿的人竟然是母親。

母親回來前，我正坐在餐桌前吃海苔飯捲。填飽肚子後，我心想等一下再把剩下的飯捲裝進保鮮盒放冰箱，就躺到沙發開始滑手機。我沒有放著海苔飯捲不管，是母親誤會我了！被擊中的部位越來越燙，我走回房間鎖上門，實在不想見到她，她怎麼可以拿東西丟我！我傷心極了，甚至還想離家出走。

自從我上高中後，母親就說要辭掉工作去旅行。她還宣布等我們都找到工作、結婚後，她要直接退休。想到母親是為了我們才辛苦工作，不禁感到內疚。我答應她要趕快找到工作，「好讓她去環遊世界」。母親嗤之以鼻，教我不要光用嘴巴講，做好眼前的事，主動洗碗和整理衣服還比較實在。

自從我出生以來，母親從未好好休息，不久前才辭掉正職，接著又開始打工。母親也跟我一樣在準備就業，還要負責家事。我說想吃海苔飯捲，於是她一大早買來食材，切菜、炒菜、準備醬料，捲好再切片。做飯捲很麻煩，她從早上七點一路忙到十一點，準備好全家人吃的量後才趕出門去打工。誰知下班回家，看到餐桌上擺著沒人管的海苔飯捲。是啊，這幾天廚餘桶裡塞滿了母親做的菜。想到這，我再也不怪她了。

「媽，今天的辣炒豬肉真好吃。我洗好碗了～」

自從那天後，家裡再也沒發生過剩菜沒人管的事。隔夜菜不是被我吃掉，就是放進冰箱，再也沒有因為剩菜引起她的誤會了。

[火]：母親的工作是「外面的事」加「家事」

我的父親是公司職員，母親是老師。也許有人覺得當老師的母親會輔導我做功課，但並非如此。每次學校舉辦家長參觀課時，其他同學的母親都會站在教室後面看自己的孩子，我的母親卻總是不在場，讓我很傷心。依稀記得那時只要收到家長參觀課通知，我都會纏著母親，不讓她當老師。

出於職業特性，母親每五年就要換一所學校。雖然父親從家到公司開車不用十分鐘，但母親二十年來平均每天都要花一個小時通勤。就這樣，母親成了家裡最忙碌的人。儘管忙碌、疲憊，但母親每天還是會一大早起床為我們準備早餐，直到我上大學前從未間斷。因為奶奶跟我們同住，所以不能用簡單的麥片充數，每天早上母親都要做飯。母親每天早上準備好早餐、急急忙忙出門的樣子，至今仍歷歷在目。

下班後回到家，她連衣服也來不及換就要開始準備晚餐。如果要晚自習或學校有活動不能準備晚餐時，她會打給我們，充滿歉意的叮囑我們好好吃飯。那時我還以為這些都是母親應做的。

父親的工作是「外面的事」，母親的工作卻是「外面的事」加上「家事」。如果按照社會分配的性別角色來看，母親的本業是家務，副業才是老師。但對母親而言，「老師」絕不是副業，而是帶著使命感和自豪的本業。有時母親會難過地說：「媽媽當老師，都沒好好照顧妳，真教人放不下啊。」但我不這麼覺得，因為母親花了很多時間照顧我們。

「妳要上班，還要侍奉婆婆，不會太累嗎？」

這是母親最常聽到的問題。如果有「需要」，母親便會去做，但她有多辛苦呢？小時候以為這就是母親該有的樣子，現在回想起來，她這樣拚搏是為了不失去自己的人生。想到這，我不禁難過了起來。

@第三章——開始為自己發聲

[火]：只有我覺得很嚴重嗎？

我會參加各種新聞獎，校內、校外都會參加，因此有「新聞獎殺手」的綽號。二〇一九年夏天，我為了準備新聞獎忙得不可開交。在準備新聞通訊振興院舉辦的新聞獎時，還參加了另一個「考驗學生挑戰精神」的新聞獎。兩個獎的報名截止日很相近，更重要的是獎金都很高，我很難放棄其一，因此很苦惱。幸好有別於需要深入採訪一個月的新聞報導獎，另一個新聞獎只需要提交履歷表，減少了很多負擔。

學生會、海外義工、國土大長征、海外研修和冬奧會義工等，這些帶有「挑戰精神」的內容都可以寫進履歷表。兩個月後，我接到文件審核通過的通知，接下來要準備競爭率二比一的面試。面試當天，我穿得端莊大方，自信地走進面試考場。剛推門走進去，兩名面試考官便熱情地問：「妳是怎麼參加這麼多活動的？我們有太多事情想問妳了，快請坐吧！」我瞬間產生「面試應該穩了」的預感。

直到最後一個問題提出前，面試氣氛都很融洽。考官問我，最關心的社會問題是什麼，我理所當然地提到Telegram性剝削和非法拍攝問題。很明顯地，這是個一直存在、但始終沒有解決的嚴重「社會問題」。我認真地指出未來政府、檢察機關和媒體應該以怎樣的問題意識來解決這個問題。我說了半天，考官們卻投來毫無共鳴的眼神。

考官又問，除了這個，還有關注哪些社會問題？他們似乎沒有理解我剛才講的問題，「嗯？這就是當下必須解決、非常嚴重的社會問題啊。」我再次說明嚴重性。我心想，如果是大型新聞獎的面試官，一定是某種程度的權威人士，如果他們能了解這件事的真相，也許會對解決問題有所幫助。但這不過是我的一廂情願，他們認為，這件事與其說是社會問題，更接近個人問題。

面試結束後，我非常失落。對於覆蓋整個韓國社會、勢必得解決的強暴文化，韓國社會的態度竟然如此安逸。他們不認為這是一個根深蒂固的「問題」，而是「小插曲」。為什麼只有我、只有女性存在這種問題意識呢？

一個月後，我收到面試結果的簡訊通知，於是趕快打開筆電登入該網站。正如我所預料，沒有我的名字。畢竟有猜想到，所以也沒太失望。但這使我更進一步思考起，未來該如何去證明「非法拍攝」是一個嚴重的社會問題。

[媏]：女生才會經歷的事

上大學後，我才切身感受到「女生才會經歷的事」。思想和身體讓我感受到性別歧視，憤怒、委屈、挫敗、強迫和愛，粗魯地參雜在這些經驗之中。

剛入學時，我參加了系上的MT[30]，跟學姐在宿舍裡玩紙牌，其中一個現在已經沒有聯絡的學姐說我稜角分明的下巴和單眼皮，看起來一臉「男相」，還建議我化妝改變一下形象。當時我沒有氣那個學姐，反而討厭起自己的長相，還立刻去做接睫毛。假睫毛拉高了上眼皮，眼睛看起來比從前大了一倍。到了大二，跟我很好的男同學看著我說：「這才像個女生嘛。」這是稱讚嗎？到底什麼是「像個女生」，「不像個女生」又是什麼樣子呢？系上聚餐時，男同學看著我和另外五個女生說：「不得不承認，妳們幾個算是系上皮膚最好的了。」當然囉，因為我們幾個在聚餐前，先聚在一起敷了面膜。還有一次，一個女生素顏走進教室，男生看著她說：「妳怎麼不帶臉出門啊？」說這種話，真是太過分了。

30 Membership Training的縮寫，大學生為了增進感情，一起旅行的活動。

到通訊社做實習記者的第一天，我就感受到性別彷彿成了我所擁有的一切。部長看到我和另一個女生，很不情願地說：「這次又來兩個女生啊？」就算是以工作強度高而聞名的仁川機場餐廳打工，我也能在一週內上手。但在通訊社的實習生活，直到最後一天都如坐針氈。去警察廳採訪的某一天，一名警官向我使眼色：「要不要我介紹旁邊的單身漢給妳認識啊？你們只差十歲而已。」

實習的最後一天跟主管聚餐。我永遠也忘不了第二攤在啤酒館時，某個男記者對後輩講的話：「你跟女朋友交往那麼久了？趕快攻擊她懷孕，才能結婚啊！」我還以為自己聽錯了。在回家的計程車裡，我問一起實習的朋友是不是也聽到了「攻擊懷孕」一詞，朋友默默點了點頭。

休學前，我曾擔任系裡的對外活動組長。在發表完一學期的活動準備計畫後，全組一起去了KTV，十個男生、六個女生，加上一名男指導教授。輪到我時，我起身準備唱歌。這時，指導教授靠到我身邊：「妳也太可愛了吧！」男生們聽到嚇了一跳，趕快把我拉回座位。KTV很昏暗，我很害怕，希望能有人把燈打開，內心懇切地祈禱學長們能攔下那個教授。

我在學校門前的酒吧打工時也遇到過類似的事。那是一家無論開學後、放假前、舉辦運動會和學術會期間，都沒什麼客人的酒吧。正因如此，老闆常找我聊天，或時不時要我品嚐他開發的新菜單。我在那裡打了一學期的工，對老闆產生信任，正如我尊重他一樣，也覺得他很尊重我。某天跟往常一樣，店裡很冷清，老闆坐在廚房裡，我守在廚房前的櫃臺。突然，我聽到手機拍照的聲響，反射性地回頭一看，只見老闆拿著手機對著我。我一時感到不知所措。見我露出驚慌的表情，他把手機遞給我，只見他拍下身穿牛仔褲和帽T的我。假如那天我穿的不是這套衣服，而是跟男友約會時穿的裙子或露肚臍的上衣呢？如果拍到的是我露出來的皮膚呢？

我曾和男友在達成協議後，互相查看彼此的手機，因為當時新聞一直報導大學的群組聊天室裡，肆意散佈性騷擾和非法拍攝影片。雖然我相信男友，但還是很不安，如果不親眼確認很難消除那不安感。我看到群組聊天室裡，幾個男生取笑某學妹的內容，他們各自上傳那個學妹的照片，有人說：「就是因為她，我沒拿到好學分。」然後其他人跟著破口大罵。有的人還上傳了從背後偷拍的大腿照片，然後貶低那個學妹的身材。就在他們有說有笑講著別人閒話時，其中一個男生說：「你們為什麼截人家的頭像上傳，還講別人閒話呢？」這是理所當然的批判，卻只有他一個人提出了問題。那個男生接著說：「人前不能說的話，人後也不要講。」多虧了他出面，取笑學妹的聊天才停止。

我參加過第三次譴責「非法拍攝調查不公」遊行，我們高喊著解散雲端硬碟聯盟，意圖阻止那些寫有「國產A片」的非法拍攝影片在網路流傳。我們放聲高喊，內心卻在擔心等一下要怎麼回家。集會要求參與者穿紅色衣服，我們都很擔心會因此成為攻擊目標。想到回家路程要一個多小時，不知道會發生什麼事，十分不安。因為當天集會上有YouTuber未經同意擅自拍攝參與集會的女性，然後對其挖苦嘲笑。坐在炸雞店裡的男人還向遊行隊伍破口大罵，說我們是過激示威。這些不了解集會本質的人，以為我們要亂丟石頭、放火和砸店。但真正過激的人是遊行隊伍，還是那些向我們投來不悅目光的人呢？

我剪短髮後，跟我一起準備小組作業的學長看到我，皺眉說：「好像男生，為什麼剪短髮啊？」我是剪自己的頭髮，真不懂他為什麼不開心。學長一直追問我剪短髮的理由，我只好回答：「不為什麼啊。」他還勸我趕快把頭髮留長，不，與其說是在勸我，不如說是在逼我。為了準備小組作業已經夠忙了，我不想在這種小事上跟他浪費時間，心情卻很糟。大學期間，這些事一直在動搖我的生活。每當遇到這些事，我都會很氣憤，接著釐清感受，反覆思考。我從書籍和媒體上找到可以表達自己感情的語言，當我覺得有話想講、需要表達情緒時，就會整理出短則一句、長則二十句的文字上傳到社群網站。不知不覺間，我成了「女性主義者」。

[端]：日常的厭惡

總學生會最努力為學生策劃的活動，要屬每年的慶典了。雖說在這個名為慶典的活動中有各個社團表演、歌唱比賽和搭建的小酒吧，但最吸引學生的還是歌手表演。總學生會會在社群網站上公佈邀請的歌手名單，如果請到人氣歌手，便會有人留言說真是沒有白繳學費。每次名單一公佈，室友波妞便會立刻廣播：星期二是A和B，星期三是C。邀請的這些歌手不是我不認識的，就是我不感興趣的。

因為第二天（星期三）是慶典高潮，所以第三天（星期四）邀請的歌手會相較前一天沒什麼知名度。其實不管請誰都跟我沒什麼關係，因為星期五沒課，我打算星期四上完最後一節課就直接回家休息。但波妞說，反正星期五沒課，前一天晚上不待在學校太可惜了。她又開始宣傳邀請的歌手名單。「搞什麼，這次真是一個也不認識。」星期四邀請的歌手是金某和奇某，都是我不認識的嘻哈歌手。但名字很耳熟，原來是參加過《Show Me The Money》的歌手。總之，邀請的都是我不感興趣的歌手，我心想，還不如早點回家休息。

我和朋友一起抱怨，這個學校怎麼不邀請偶像呢，如果是偶像我就去看了。我最近喜歡 Oh My Girl……啊，我喜歡 Red Velvet。如果邀請ＩＵ該有多好啊。就在我們帶著私心聊天時，女性主義小團體的群組聊天室傳來訊息。

「各位，據說金某會來學校。我在『Everytime』[31]上寫了反對他來的文章，也拚命說明情況，但還是有很多人為他辯護，真是有夠傻眼。」

金某？難怪剛才我覺得這名字很耳熟。我上網輸入他的名字。

31 Everytime 網站提供南韓四百所大學的校園社群及課程時間表服務。可排課程及管理學業、學校生活訊息，以及各學校匿名社群服務。

憎惡是SWAG？嘻哈歌手金某厭女歌詞引爭議

「強暴所有的Megalia[32]」這種歌詞也是嘻哈？沒有不妥嗎？

高唱厭女歌的饒舌歌手：你們根本不懂「嘻哈」

原來金某就是一個月前，因「厭女」歌詞引發爭議的嘻哈歌手。他在三月底發行的新歌寫道「強暴所有的Megalia」，是針對女性社群網站「Megalia」的言語暴力。同天，我也看到「某大學群組聊天室的非法拍攝和性騷擾事件」的新聞，在心理上對此事已經感到精疲力竭了。

歌詞中寫到要強暴自己厭惡的對象，大眾會如何看待呢？「像在婦產科一樣張開腿」、「就算毆打也要把妳變成我的人。Baby今天妳是我的女人，不然就打成半殘」。這種充滿暴力和貶低女性的歌詞，很多人向嘻哈界表達抗議。也許金某會覺得很委屈，因為這些有問題的歌詞不是出自自己之手，而是鄭某。

金某用前輩鄭某寫的歌詞唱了饒舌歌，歌手互相幫忙宣傳，在音樂網站流通，歌曲就這樣呈現在大眾面前。當歌曲在網友間引發爭議後，媒體才開始報導。這首歌最後被下架，相關人士針對過激的歌詞道歉，卻沒有針對「厭女」問題道歉。而在事發三週後，我們學校的總學生會邀請了金某來參加學校慶典。

距離金某登上學校舞臺還有一週，我可不想讓這個對「厭女」問題毫無反省的人登臺。必須阻止這個高唱歧視和厭女的歌手，必須阻止學校花費幾百萬元邀請他來唱這些有問題的歌……我甚至對那些想去看他表演的同學也心生厭惡。那篇反對邀請他來表演的文章下面還出現這樣的留言：「音樂歸音樂。」想去看表演的人似乎都這樣認為，但我無法同意嘻哈音樂可以提到「強暴」一詞。受害者是真實存在的，把強暴一詞當成娛樂來消費是不對的。

我在學校網站上傳了金某歌詞引發爭議的新聞，反應非常熱烈，點擊率也高出其他文章。我把大家的反對意見製作成PDF檔寄給總學生會。收到的回覆卻只有一句：「距離慶典只有幾天了，校方無法取消表演。」

我從校園網站收到一百三十九人的反對連署，為了讓總學生會體認到同學很認真看待此事，所以請大家簽了真實姓名。隨後，我寫了多封郵件給總學生會，希望與他們見面討論，但對方郵件已讀的標記卻始終沒有顯示。總學生會冷處理，我只好拿著資料親自前往。

距離慶典還有一週時，我見了總學生會會長、副會長和慶典企劃組長。我出示了一百三十九人的反對連署（遮住個資，只顯示所屬科系），我並沒有期待他們能完全聽取意見，取消邀約。因為

32 韓國著名激進女性主義論壇。二〇一五年，韓國論壇DC Inside引發激烈的男女對立，最終論壇以和平理性、發言禮儀為由，封鎖若干女權派帳號，導致憤怒的女性使用者出走，另外開設「Megalia」論壇。二〇一七年關閉。

帶去的資料不過是我一時心急匆忙準備的問卷調查。我只希望他們能看到有這麼多人反對，然後採取一些行動。

「現在是什麼時代了，竟然還有這種歌手……」

「溝通的學生會，這不是你們的口號嗎？邀請這種有爭議的歌手前，至少應該先問問學生的意見……」

「我反對。」

同學的連署產生了效果，總學生會長立刻打給金某的經紀公司詢問是否可以取消邀約。十分鐘後，他回到座位，表情十分為難。看來情況很棘手。

「不讓他唱那首有問題的歌，可以嗎？」

我覺得很不好意思，於是提出折中方案。雖然很想堅持同學的寶貴意見，但看到大家為難的表情就心軟了。

「慶典就快到了，取消邀約恐怕很難。我們一定會要求不允許唱那首歌。真對不起，沒確認歌手之前唱過什麼歌。要是知道他唱過這種歌，一定不會邀請他的。」

「我們對這種社會問題太遲鈍了，歌詞有問題才知道這件事。我們也是第一次策劃活動，還有很多不足之處……對不起。」

學生會長和副會長的眼眶紅了。看到他們緊張地調整呼吸，不停道歉，我也很難受，覺得自己好像壞人。後來看到網站寫，那個爭議歌手最終還是上了臺、唱了歌，但只待了二十分鐘左右便離開了，而且沒有唱那首有問題的歌。

[火]：頭髮有什麼了不起

五歲以後，我再也沒剪過短髮，因為我以為女生的頭髮長度必須維持在肩膀以下。我從二〇一八年開始關注女性議題，但沒有注意到「掙脫束衣（Escape The Corset）」這個概念。我平常從未因打扮而感到壓力，因此對「打扮勞動」一詞也很生疏。上大學後，我最多是上粉底和塗口紅，睫毛膏、腮紅在我看來簡直是奢侈，準備出門的時間算上洗頭、洗臉只要三十分鐘就夠了。如果前一天洗過頭，那只要十分鐘就可以準備就緒。真來不及時還會直接戴個帽子就出門。

但不知道為什麼，我始終無法放棄頭髮的長度，也許是因為「女生不能留短髮」的觀念在我的內心根深蒂固了。二〇一八年，韓國女性掀起「掙脫束衣」熱潮，煓也參與其中，剪了短髮。但我依然沒有想要加入行列。說實話，我覺得這是跟我無關的事。我不是不關心女性問題，也知道對女性而言，這個社會存在著無法跨越的障礙，更清楚只因為是女性，就會成為厭女犯罪的目標。

煓沒有強求過我，她只是一直向我講參與「掙脫束衣」後的好處：短髮有多方便，不化妝有多好，不打扮可以省下多少錢……我有時聽得都很煩。我心想，「是在逼我也加入嗎？但我現在也沒什麼在打扮啊，這種程度還好吧。」我也很好奇，為什麼煳會加入「掙脫束衣」，為什麼那麼多女性參與其中？

有一天，我和朋友有約。因為還沒到約定時間，我先去了學校圖書館，在新書區逛了一圈，看到一本《掙脫束衣：到來的想像》。我正對「掙脫束衣」感到好奇，於是帶著輕鬆的心情借了那本書。我明明是以輕鬆的心情借了那本書，但當天凌晨，直到天空泛起藍光，我才闔上最後一頁。

> 我們現在才知道，男性為了上班，必須達到一個「人的模樣」的基本值，這與我們至今所認知的完全不同。女性為了具備「人的模樣」，每天要花費一定時間和金錢才能接近那個基本值，相反地，男性早就達到了「人的模樣」。——李敏京，《掙脫束衣：到來的想像》

我長期以來積累的好奇彷彿一下得到了解答。書裡的每篇文章都很有說服力，而那段話尤為衝擊。原來我是為了維持「女人的模樣」，才一直不肯放棄長髮，因為擔心短髮看起來像個男人，就此失去女人味。那本書讓我領悟到，這不過是社會制定的「規則」罷了。

闔上那本書，我最先想到的是「剪個短髮吧！」趁想法還沒改變，我隔天一早來到美髮店。設計師聽到我要剪短髮，勸阻我：「這麼長的頭髮為什麼剪掉呢？不要剪吧！」我原本希望剪齊耳短髮，最後經不住設計師的勸阻，只好剪了學生頭。但這種長度對我來說已經是一個很大的挑戰了，畢竟我已經留了二十幾年的長髮。

剪短髮後，我還是渴望擺脫社會製造的「女性化」形象。結果，一個星期後，我又去了另一家美髮店。設計師是一個看起來比我大一點的男性。

「我想剪跟你差不多的長度。」

設計師勸了我三十分鐘，解釋說再剪短的話，髮型就毀了，搞不好還要戴一個月的帽子。我不過是想剪個短髮，怎麼這麼難？那天，他只幫我剪短了兩公分。兩週後，我又去另一家美髮店。剪一次頭髮的費用是一萬五千元，結果我剪了三次，花了三倍的錢。我決定不能再動搖了，於是推開美髮店的門喊道：「我要剪短！」

剪好短髮，走出美髮店，脖子涼快極了。雖然還不太適應，但頭變輕了，心情也輕鬆許多。為了準備隔天去學校，我試穿了幾套衣服，鏡子裡的自己看起來不一樣了。雖然以前的自己也很不錯，但現在又增添了一份帥氣。我帶著「看我變得多帥氣」的心情，自信滿滿地走進教室。瞬間，男生都嚇了一跳，但我不以為意。週末回家，父母還半開玩笑的嘮叨，妳難道不知道「身體髮膚受之父母」嗎？

我的短髮已經帶來這樣的反應，可想而知當朋友酒子把齊腰長髮剪成二分區（Two-Block）式髮型後經歷了什麼。據說她從公廁出來時，進去的人還會確認一下是不是女廁，甚至有人誤以為進了男廁而大喊。不過是剪成短髮，到底有什麼大不了！

[煓]：剪短髮後，心情好極了

我們學校門口有一家開了幾十年的傳統雞爪店。去年夏天，我和火幾乎每週都會光顧一次，簡直到了無法抗拒老闆廚藝的地步。雖然是雞爪店，但其他菜色像是刀切麵、蘿蔔葉拌飯、烤豬皮和辣炒雞排也都非常好吃。這些菜沒有使用什麼特別食材，蘿蔔葉拌飯不過是蘿蔔葉、拌飯醬料和米飯，刀切麵也只是老闆熬煮的湯頭、麵條和青陽辣椒而已。

下課後，為了慰勞疲憊不堪的身心，我和讀研究所的學姐一起去了雞爪店。好吃的雞爪讓我們忍不住點了瓶啤酒，蘿蔔葉拌飯帶來的感動又促使我們加點一瓶燒酒。

「唉～小組作業真是太難了。」

「學姐真是天才，統計軟體用得得心應手。」

就在我們有說有笑地聊著各種話題時，老闆端來刀切麵，然後開口問：「是男生還是女生啊？」

瞬間一片寂靜。為什麼這麼問呢？因為頭髮短嗎？學姐的頭髮的確比隔壁桌的男生短，但僅憑頭髮長短來判斷對方的性別，也未免太失禮了吧。在學姐回答老闆前，我先動怒了。

「老闆，您這什麼意思？我明天也去剪這髮型！」

學姐似乎對這種問題早已習慣了。反倒是我一時衝動，宣稱要剪頭髮。這突如其來的宣言讓學姐先愣了一下，然後哈哈大笑。

「我今天要剪頭髮。」

「稍微修剪一下嗎？」

「不，我要剪短！」

「哇，這麼突然。為什麼？瘋了嗎？」

我打給朋友說想剪頭髮，起初朋友還沒什麼反應，但一聽我要剪短，大吃一驚。面對朋友的疑問，我含糊地說：「不為什麼，就是想剪。」最近女生紛紛剪了短髮，掀起一股短髮熱潮。我打算上午的課結束後，跟男朋友一起去美髮店。想到這，我的心就怦怦直跳。啊，畢竟十年來都沒剪過短髮！

「我想剪短髮。馬上就要畢業了，想嘗試一下新髮型。」

設計師卻一臉為難。「學生頭怎麼樣？萬一妳又想留長……」

我是言出必行的性格，所以沒有被設計師的話動搖。雖然一個月前，我剛花了十六萬元燙了蓬鬆直髮，但目前我只想剪短髮。我還拿出很有說服力的理由，我算是半自然捲，短髮會比長髮更好整理，還能省錢。設計師皺了皺眉，笑著嘆了口氣。我看到鏡子裡的長髮一刀剪短了一大半，不禁發出感嘆。哇噢，好不習慣。我的頭髮竟然可以這麼短。

設計師又問了一次：「不用再更短了吧？學生頭也很好整理……」

「不，我要更短！」

雖然很失禮，但我還是打斷設計師。我才不要剪學生頭。剪完頭，我看著鏡中的自己，感覺好陌生。我忽然想起一個人，「媽媽……？」大家都說我長得像媽媽，這下如果我們站在一起就更難分辨了。走出美髮店，我跟男友拍了一張紀念照，傳給媽媽。涼爽的風吹過後頸，我忍不住呵呵笑了起來。

「妳騙人。」

上課時，我收到媽媽的回覆。這種事我幹麼騙她。就在我回她訊息時，朋友拍了拍我的肩，遞來一張紙條。

「喂，妳男友什麼也沒說嗎？」

「說什麼？因為我剪頭髮？」

「我還以為你們分手了呢。」

「我覺得很輕鬆，他心情看起來也不錯啊！」我寫下這句話，然後摺好紙條放進筆袋。事實上，我想說的話已經忍了一個學期，也沒必要現在向他們解釋。

下課走出教室時，我跟教授道別。教授看到我說：「妳剪了個很清爽的髮型呢！」這是我當天聽到最開心的話，心情也隨之豁然開朗。

@第四章——在哪裡能重新遇見自己

[火]：你在做什麼？

我在咖啡廳裡寫稿寫到店快打烊，於是匆忙離開咖啡廳。在路口等紅綠燈、準備去搭公車時，一陣吵架聲穿透耳機傳到了我耳裡。我看了一眼旁邊，只見一對男女正在吵架。女人向男人提分手，男人卻一直抓著女人的手臂不放，還氣沖沖地要求再聊幾句。我覺得看別人吵架不禮貌，所以刻意避開視線。但瞬間，男人突然啪啪啪，連推了女人的肩膀好幾下。

無論身高或體型，男人都比女人佔優勢。男人足足高出女人二十公分，他這一推，讓女人接連倒退好幾步。我還來不及多想，就脫口說：「喂，她不是你女友嗎？怎麼可以這麼對人家！」

我走上前，男人的塊頭比想像中還大，充滿威脅性，但我告訴自己不要畏縮。我抑制住顫抖的聲音，怒瞪男人。面對我這不速之客，男人有些驚慌失措，但很快就回神朝女友大吼：「媽的，分手就分手！」

「求你放過我吧……」女人滿臉淚痕，雙眼通紅。男人破口大罵著走遠了。路口只剩下我和那個女人。我心想，要不要說些安慰她的話。她看起來應該比我小了四、五歲，於是我小心翼翼地拍拍她的肩膀。

綠燈亮了，我們並肩走過馬路。這時她的手機響了，我看到手機畫面上寫著「我的愛」，猜測是剛才走開的男人。我環顧四周，只見那個人躲在不遠處盯著我們。我擔心他會再傷害這個女人，於是率先開口：「不然……我把我的手機號碼給妳？」

她垂下視線思考了一下，然後嘴唇顫抖地小聲說：「沒關係……謝謝……」

因為我們的方向相反，於是就此分別了。但我一直很不安。就像國中時男友口口聲聲說「我這麼做都是因為愛妳」，然後限制我的行動一樣，說不定那個男人也會說「我這麼做都是因為愛妳，不想失去妳」，將自己的行動合理化。但他的行為，分明是約會暴力。

我不是警察，所以無能為力，只希望不要再出現受害者了。據悉，警方受理的約會暴力案件每年都在增加，但除了實際受理的報案，潛藏的約會暴力又有多少呢？報案逐年增加又意味著什麼？是越來越多人開始把約會暴力視為一種「暴力」嗎？還是約會暴力本身在急速增加呢？這種現象又該如何解釋？

即使是遭遇約會暴力的受害者，也很難馬上認知到這是「暴力」。男人常會對女人講「除了我，不要相信其他男人」，但我想問，說這種話的人可以相信嗎？連身為男人的自己都說不能相信男人，不是很弔詭嗎？

根據約會暴力檢舉件數統計，二〇一四年有六千六百七十五件；二〇一八年，一萬零二百四十五件。據二〇一九年三月「韓國女性電話」團體公佈的統計結果，以二〇一八年為標準，遭配偶、戀人等親密關係的男性殺害的女性至少有八十人；因殺人未遂倖存的女性，至少有一百九十六人。

我帶著空虛的心情回到家。打給朋友講了一遍剛才發生的事，朋友先是擔心我：「妳這麼見義勇為，萬一他連妳也打怎麼辦？」

「嗯，誰知道呢？那就讓他徹底付出代價！」

[煓]：如坐針氈

我和男友決定去吃披薩、喝啤酒，一起等了半小時左右才有空位。剛一落座，便看到隔壁桌坐著兩個跟我髮型差不多的女生。為了方便，就以A和B稱呼她們好了。這兩人直到離開餐廳那一刻，都在竊竊私語地討論我和男友。雖然我也懷疑是不是自己太敏感，誤會了她們，遺憾的是，我的預感沒有錯。我耳朵很靈，況且兩桌距離不到一公尺。一進餐廳，男友先去了廁所，她們可能誤以為我是一個人，A跟我對到眼，她看著我揚起嘴角，用眼神打了招呼。雖然素昧平生，但出於禮貌我也做了回應。五分鐘後，男友上完廁所回來。從那時開始，A和B的表情便沉了下來。

「那女生很快也會擺脫戀愛吧。」B說了這一句。A噗嗤笑了出來。我們比她過得好多了，很快她也能領悟到。兩人一直這樣竊竊私語。雖然我也不想聽，打開的耳朵卻忍不住一直朝向她們。吃披薩時，總是忍不住在意旁邊這兩個人。

見我臉色難看，男友擔心地問我怎麼了，但我什麼也不能說。我恨不得回到一年前，回到沒有剪短髮的時候。我後悔當別人勸阻我時，怎麼不再考慮一下，就算剪學生頭也好，這樣不管我跟誰在一起都不用看別人的臉色了。僅憑頭髮的長短來判斷我是不是「同路人」，還親切地用眼神打招呼，但當男友一出現，就好像我背叛了她們一樣，未免也太誇張了。

她們把我和男友當成下酒菜一樣，興奮地討論個不停，對話中不時出現掙脫束衣、女性主義和不談戀愛等詞彙，反覆強調不談戀愛的好處，以及成為一個非戀愛主義者對人生有何助益。

她們理直氣壯地看著我們，眼神毫無顧忌。我如坐針氈，四周彷彿迴盪著要我快點分手的呼喊。窗邊坐了很多對情侶，但A和B只對我們感興趣。

我剪短髮時，比我更早剪短髮的朋友曾說：「剪短髮還交男友？我要是因為妳也被性物化[33]了

33 Sexual objectification，在性方面將一個人作為商品或物品看待，而不考慮其人格或尊嚴。

怎麼辦？」她還說如果剪短髮卻還交男朋友，等於是連累其他短髮的女生。

我無言以對。如果像朋友所說，只因我有男友，就連累了其他女生遭到性物化，那問題應該出在對其性物化的人身上，不該把責任推給遭到這種待遇的人。每次看到讓宣稱「打破父權制」的人什麼都不做，並將女性他者化[34]後進行譴責，我都感到十分悲哀。

[火]：誰喜歡感到不舒服？

成為女性主義者的過程中，經常感到「不舒服」。

國中時，學校有名的不良學姐走到我面前說：「妳長得滿漂亮的！」託「漂亮」的福，我認識了有名的學姐。走在街上，偶爾會有陌生男子走到我面前說：「妳好，看妳長得漂亮，能不能要個電話？」反覆發生這種事以後，我自然覺得因為「漂亮」得到了很多好處。越是聽別人說我漂亮，我就越想成為漂亮的人。這真是一句會讓人莫名上癮的話。

是女人就應該漂亮，社會流傳著「女人要是漂亮，等於是考試三冠王」的話。在判斷女性價值時，外貌成了最先適用的標準。用ＢＢ霜或唇彩化妝被視為基本禮儀，不化妝出門就會被問：「哪裡不舒服嗎？」雖然有的人這樣問是出自真心，但也有些人是在嘲笑沒化妝的人氣色差得像患者。

跟往常一樣，結束忙碌的一天後，打算看個美劇放鬆，但我驚訝地發現，英語中沒有敬語，可為什麼劇中的女人跟男人講話時，字幕要翻譯成敬語呢？如果是職場主管倒還可以理解，但男女年齡相仿的夫妻對話就很莫名其妙了。睡前看美劇是為了消除一天的疲勞和壓力，卻看得很不舒服……結果看到一半就關掉了。

好吧，美劇的翻譯問題就算了，可韓劇也把約會暴力美化成羅曼史，又是怎麼回事？我想起不久前看過一部很有趣的電視劇《又是吳海英》，其中一個場面是朴道京和吳海英正在激烈爭執，朴道京一把將吳海英推到牆邊，強吻了她。雖然當時有人批判說這是在「用羅曼史美化約會暴力」，影劇圈的人卻絲毫沒有反省跡象。韓劇經常可以看到諸如壁咚強吻、粗暴地抓住女友手腕的畫面，甚至還會被稱讚成「經典畫面」。在韓國社會，約會暴力就這樣被消費成了令人心動的浪漫畫面。

有些人會問，幹麼活得那麼辛苦，對雞毛蒜皮的小事那麼敏感？真是可笑的問題，難道我是在自討苦吃嗎？認知到各種社會問題後，不能把這些感到不舒服的質疑，看作是「敏感地自討苦吃」吧。某些人平凡的日常，可能是別人需要力爭才會擁有的。我相信，我的敏感會把社會導向更好的方向。

34 Othering，指標籤及定義他人為一個次等人的化約性行動。視某人作為屬於社會下等類別的他者。

[煳]：我選擇的路

這是兩年多前的事了。那時我假裝自己沒有男友，因為當時的氣氛是沒有男性，才能成為真正的女性主義者，而且當時我也不喜歡跟朋友見面時，只討論各自的男友。我不懂為什麼大家會因為男友的一句話而動搖，也不理解那些男生為什麼要規定女朋友晚上回家的時間，還有為什麼一起開設約會存摺，卻只有男生掌管那個存摺的金融卡。

我產生了無論何時何地都要讓自己看起來像一個獨立女性的強迫觀念。我把社群網站上男友的照片全部刪除，約會走在路上也總是與他保持五步距離。大部分都是有意識的行動，還有幾項是故意努力為之的，比如，即使跟男友一起去咖啡廳也要分兩桌坐；走路時不牽手；約會時會下意識地觀察周圍是否有短髮、素顏的女性。

男友對我而言很特別，他應該是跟我最親近的人，但當時走在路上，我們卻像初次見面的人一樣疏遠。這行為太過極端。我自己塑造出一個女性主義者的形象，並且堅信這樣做才是對的。我這種舉動用自我陶醉來形容大概更貼切，而自我陶醉的人，很難再讀進什麼理論了，所以我再也沒有讀與女性主義有關的書，就連曾讓我印象深刻的《為了所有人的女性主義（Feminism Is for Everybody）》也從腦海中抹去了。我僅憑一句簡單的「只有女人會幫助女人」，概括了此前接觸的女性主義，甚至認為跟男性一起實踐女性主義、批判父權制是一件很屈辱的事。

韓國女性在為「江南站殺人事件」、「MeToo 加害者」和「雲端硬碟聯盟」感到憤怒時，不管我走到哪裡，空氣中都飄浮著這些想法：「這不是隨機暴行，而是厭女暴行」、「我不想成為被男性物化的對象」、「在男女性關係中，女性得到的只有性病、懷孕的風險和擔心被偷拍嗎？」目睹身邊發生的事後，我只對「只有跟我一樣的女性能拯救我」這句話產生了共鳴。

我耳邊總是迴盪著實習時，主管說的那句：「有男友的人就只知道偷懶，不好好工作。」還有人說：「有男友的女人都是鞏固父權制度下塑造出來的純真女性。」我不想因為有男友，而成為別人眼中什麼都不懂、沒有覺悟、只顧談戀愛，不好好工作的女性。因此，我假裝沒有男友，刻意與他保持物理上的距離。男友並沒有因此責怪我，而是把這看成我的新角色或新目標，並支持我：「如果妳覺得是那樣，那就去做吧。」

與他這樣相處了幾個月後，突然有一天在約會時，我感到一股猛烈的波濤向我襲來，彷彿有人一邊對我說「妳沒有資格參加女性主義活動」，一邊把我推到了岸邊。在所謂獨立自信的新女性角色中，我又背上一個「看別人臉色」的形容詞。

我作夢也沒想到，因為沒有明確的主觀意識，隨波逐流建立的「獨立自主」的目標，反倒讓我失去了真正的自己。我為了徹底擺脫傳統的女性形象而故意唱反調，還誤把這當成自己選擇的自由。

有時想起過去的事，我都會後悔得直踹被子，男友卻安慰我：「那只是妳在尋找真實自我的過程罷了。」

[火]：煓的告白

二〇一九年暑假，除了睡覺，我和煓幾乎每天待在一起。長時間的相處拉近了彼此的距離，就在我覺得和煓親如家人時，她的異常舉動引起我的注意。煓想說些什麼，但總是欲言又止，還迴避我的視線，十分反常。「她有什麼事瞞著我嗎？」雖然有點介意，但我沒有追問。

我們每天要坐在電腦前八個小時上程式語言課。煓的電腦螢幕總是開著通訊軟體，聊天列表上方一直出現一個名字，田鼠。我坐在一旁，看到她會立刻回覆別人，唯獨不回覆田鼠。我問煓：「妳為什麼不回田鼠啊？田鼠是誰？」煓慌張地敷衍說只是朋友。看到我一臉疑惑，煓立刻打開手機相簿說：「他就是田鼠！因為他長得像田鼠才這麼叫他。」但人家長得一點也不像田鼠。

幾天後，我在圖書館準備程式語言考試。就在快要徹底昏睡時，煓一臉悲壯的把我叫出去，說有事要跟我坦白，彷彿要講什麼天大的祕密，我立刻睡意全消。我好奇的看著淚眼汪汪的煓，大顆淚珠掉了下來，最後大哭得上氣不接下氣。我趕快去廁所拿來一堆衛生紙，連她要講什麼都還不知道，反倒先安慰起她。哭了好一陣子後，煓才平復情緒。

「其實，田鼠就是振……」說完，煓又開始號啕大哭。振是煓交往多年的男友，看到她把社群網站上振的照片都刪了，我還以為他們分手了。

說出田鼠就是振以後，煓的表情輕鬆許多。她說：「有男友這件事，一直讓參與『掙脫束衣』的我很不安，總覺得自己好像不是一個真正的女性主義者……很在意別人的眼光……」煓把無法對別人講的事都告訴了我，說完，眼裡又溢滿淚水。我很驚訝，難道參與「掙脫束衣」的女性主義者都不能交男友嗎？

其實在這件事發生以前，我也會看煓的眼色，幾乎不會在她面前提男友，但煓會先問我男友的事。每當這時，我就像要證明自己的男友與別的男人不同似的，說出一堆積極正面的事。「原來煓也有男友啊……」雖然略感背叛，但想到從今往後再也不用隱瞞談戀愛的事，我也覺得輕鬆許多。

那段時間煓壓抑了太久，以至於向我坦承後，有一陣子幾乎每天會說好幾個小時田鼠的事。我偶爾還會拿這件事開她玩笑，真是沒有比這件事更好笑的了。

[端]：那天，第一次在火面前哭

那段時間，我已經適應了「假裝」沒有男友。但覺得這樣很對不起火，最後還是哭著向她坦承：「我有男友。」這件事發生在去年初夏，地點是學校圖書館自修室。其實如果可以隱瞞到最後，我是不想告訴火的，我不想讓別人知道我在談戀愛，還把男友的名字改成「田鼠」，以為這樣就可以瞞過大家，沒想到還是被火發現了。

面對田鼠是誰的問題，我只能含糊其辭：「啊，那是住在家附近的朋友。」但火的表情顯然對我的回答並不滿意。我作賊心虛，還拿其他朋友的照片給她看：「他長得像田鼠，才這樣叫他……」我是那種什麼事都會寫在臉上的人，慌張得臉部肌肉都僵硬了。

其實這件事根本沒什麼好隱瞞的，我之所以不想說，是擔心有男友的自己會成為別人眼中軟弱的人，因為我覺得「有男友」就等於是「在依靠男友」。當時的我並沒有意識到「沒有男友才是獨立的人」其實是一種錯誤想法。如果聽到有人對我說：「妳（一個人也）充滿自信，好酷。」我就會忍不住嘴角上揚。

雖然我有很多苦惱，但當火問我「為什麼要說自己沒有男友」時，我只回了一句「因為覺得對不起大家。」我會對談戀愛的朋友指手劃腳，還會說「男人都是狼」，所以我很抱歉又難為情。我曾多嘴干涉過四、五個朋友的戀愛，直到最近才跟五個朋友都道了歉。朋友安慰我說自己也做過這種事，也對我說了對不起。

「妳為什麼要『假裝』沒有男友呢？」面對這個問題，我眼眶泛紅，無言以對。火遞給我衛生紙，安慰我：「愛一個人是無法隱藏的。」聽到這句話，我哭了。

@第五章——採訪開始

[端]：我的第一篇新聞標題是「總統光彩奪目的美貌」

在報社做實習記者已經兩週了，由於正值奧運期間，我們每天都要寫兩篇以上有關足球的新聞。活了二十多年，我對足球一點興趣也沒有，奧運也只會關注「韓日戰」，連比賽規則都不了解。因此，我能掌握的不過是一些網友對比賽的反應、上熱搜榜的球員資訊和一些奇聞趣事罷了，比如「俄羅斯球員的名字為什麼都有『斯基』？」、「誰是克羅埃西亞的總統？」等。

儘管我不了解足球，還是努力想寫一些有別於其他報社的新聞。哪怕只是些簡單的內容，但要以自己的視角來寫，少說也得花兩個小時。再怎麼快，整個上午也只能完成一篇新聞稿。因此我會嚴格控管時間，要求自己下午必須寫一篇自己真正想寫的新聞。

我很認真地寫了「誰是克羅埃西亞的總統？」的新聞，因為看到很多報社寫「克羅埃西亞總統非比尋常的美貌」，這種字眼讓我很不舒服。這種新聞的留言區很容易成為性騷擾的盛宴。我心想：「一定有人跟我一樣好奇她的生平，以及她是怎麼成為總統的吧，我應該以她的政績來寫一篇新聞。」我找了很多外媒的報導，翻譯後整理出了她的相關資訊。

「煳啊，克羅埃西亞總統的新聞是妳寫的吧？上了我們網頁頭版喔，做得好！」星期一，主管稱讚了我上週五寫的新聞。做實習記者還不到兩週就能得到主管稱讚，還上了網頁頭版。既然反應這麼好，那我也來看看吧。可是這篇新聞放在哪個版呢？既然是關於一國總統的新聞，應該是國際版？再不然奧運出訪他國，是放在體育版？滑動的頁面突然停了下來，我簡直不敢相信自己的眼睛，克羅埃西亞總統竟然出現在女明星的照片裡。

首頁角落有一個專門收集女明星社群網站照片的版面，據說點閱率非常高。可是為什麼克羅埃西亞總統會出現在那裡？而且標題也跟我寫的完全不一樣。我明明帶著對總統的敬意，寫了一篇與她波瀾起伏的政治生涯有關的新聞，標題卻被改成「總統光彩奪目的美貌」。我點進去看了一下內容，明明就是我寫的啊！看到與內容完全背道而馳的新聞標題，我怒火中燒。

午餐時，我們到社內餐廳吃飯，主管坐到了我旁邊。「克羅埃西亞的女總統真了不起啊。」

「是的，她可是克羅埃西亞首位女總統。據說是北約組織外交官出身，還會講三國語言呢。」

「是嗎？」

在座的人開始聊起低級話題，整頓飯我都食不知味。

[火]：這不能算是新聞吧

非法拍攝並不是近期才出現的犯罪，早在二〇一八年，這種犯罪就已經在社會蔓延。公共機關的職員偷拍住在公寓的女性，男學生跑進女子高中的廁所偷拍，甚至還有現任法官也做出此種惡行。

身為實習記者，我自然覺得這是有報導價值的題材，萌生採訪的念頭。為了深入採訪，我在多家網站輸入偷拍、盜攝等關鍵詞，只見不分時間和場合，廁所、宿舍甚至大街小巷，都在肆無忌憚地進行非法拍攝，使用的器材也五花八門。只要在韓國最大入口網站NAVER搜尋，很快便能找到多家販賣非法拍攝器材的網站。這些人又不是間諜，為什麼需要眼鏡和鋼筆偽裝成的攝影鏡頭呢？甚至還有偽裝成帽子和水瓶的相機。這些都是為了非法拍攝而改造的，不然沒有理由改裝成其他物品。直到二〇二〇年五月，這些器材仍在銷售中，技術還更先進了，連香菸也可以改裝成相機。

NAVER竟然放任這些人堂而皇之地銷售這種相機，買賣相機和經營這種網站的人都有問題。我寫了一篇新聞，目的在於敦促嚴懲非法拍攝，批判不痛不癢的處罰。新聞稿中還附帶說明女性是如何在努力阻止非法拍攝，並介紹了「防範非法拍攝的應急工具」。這套應急工具有可以戳破鏡頭的錐子、矽膠和寫有「不許偷看」等文字的貼紙。這是女性在向世人吶喊，自己的生活正遭受非法拍攝的威脅。雖然我埋首苦思寫完了這篇新聞，卻沒引起多大反應。但我不能停止揭露的筆桿，繼續尋找其他線索。

我在某網站的遊戲論壇裡發現有人上傳並散佈非法拍攝影像。在這個擁有五十萬名會員的大型論壇，看到一個醒目的公告：「注意爸媽（注意不要讓爸媽發現）」，裡面不斷有人上傳非法拍攝影像和寫有「可見內褲」的明星走光照。有人上傳在超商偷拍的女性，有人大肆評論照片裡的女性身材。論壇裡不僅有偷拍女生制服裙的照片，還有穿韓服的小女孩照片。

這些非法拍攝影像多達一萬五千件以上，更充斥著男性對性騷擾言論的不以為意。我立刻展開採訪，並寫成新聞。我請擔任主管的前輩記者審閱了新聞稿，他卻說：「這不能算是新聞吧？」最後沒有採用我的稿子。

當時實習馬上就要結束，我心急如焚，又去找了一位女前輩幫我審閱新聞稿。幾經波折，那篇新聞最終報導了出來。

那篇新聞的影響力非常大。該論壇的一名會員把我寫的新聞上傳到論壇，其他人看到後紛紛罵道：「一個實習記者懂什麼，少在那裡亂寫。」那篇新聞至少有五千多人留言，其中八成是女性。大家批評論壇裡的男性，並質問他們：「為什麼我們的生活要成為你們的色情片？」

二〇二〇年，「注意爸媽」公告欄已經刪除了。

[火]：我們的新聞現場是Telegram

「領獎金後要買什麼好呢？我們要去哪玩？濟州島？」

開始採訪前，我們的煩惱是「領了獎金要做什麼」因為大獎獎金高達一千萬韓元，我和端彷彿已經上臺領獎一樣興奮。距離截止日期還有一個月時，我們懷抱輕鬆的心情，開始認真尋找素材。在搜集東南亞性剝削資料時，發現了Watchman的部落格「AV-SNOOP」，也因此發現了Telegram上正發生的性剝削犯罪。

我們聽教授講過最多的一句話就是「記者應該腳踏實地的跑現場」，於是我和端決定展開深入採訪。對我們而言，新聞現場就是Telegram。

我們進入Watchman的「高談房」，一路追蹤衍生的其他聊天室。如果進入的聊天室解散了，就再移動到其他聊天室蒐證。若我和端進入同個聊天室時，便會模仿加害者的語氣互相留言。如果分別進入不同聊天室，也會截圖共享狀況。展開採訪的第二天，加害者發起「公開○○個資」的匿名投票。我們不安地立即報了警，但還是沒能阻止事態發生，因為超過八成以上的加害者投了「贊成」，我和端則以抓住救命稻草的心態投了「反對」。

非法影片不能隨意在學校和咖啡廳瀏覽，我們只能在宿舍蒐證。這裡已經成了他們的「娛樂」，但對我們而言，這就是令人厭惡的犯罪。越來越多人加入高談房，僅兩個月，人數就從一千名增加到七千名。在聊天室裡長期潛伏的我們還遇到了認識的人，至今我仍忘不了看到那個人時的衝擊，而衝擊很快便轉為恐懼、難過和憤怒。

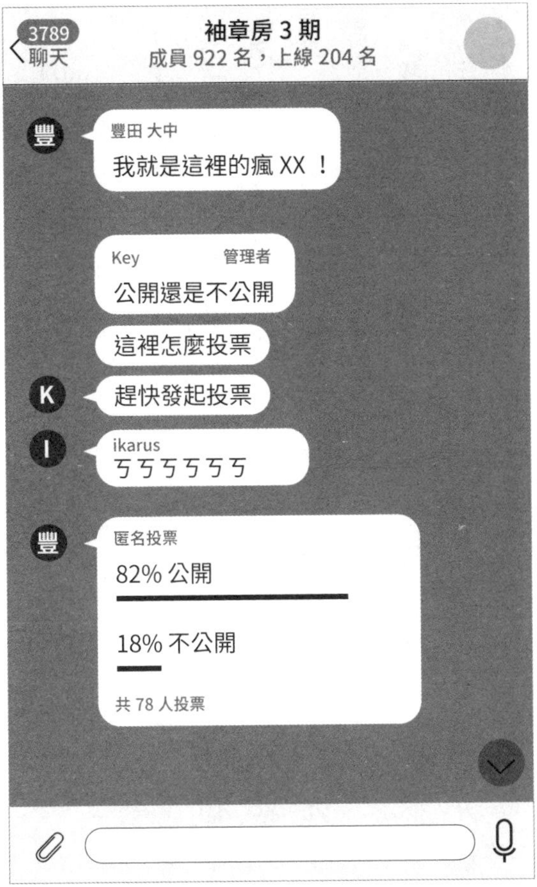

「公開○○個資」匿名投票截圖。

[火]：衣櫃之亂

我待在煓家裡蒐集資料，由於一直盯著電腦看，眼睛發澀，頭也隱隱開始作痛。「煓啊，今天就到這裡吧？」十二點剛過，我們決定收工，我打算回家洗洗早點睡。等我慢吞吞地走回家，按下玄關門密碼走進家門時，突然一股毛骨悚然的氛圍包圍了我。雖然屋內看起來跟平時差不多，但我聞到一股陌生的味道。平時出門前，我都會打開衣櫃門，可當下卻緊閉關著。萬一有人藏在衣櫃怎麼辦？瞬間，我感到極度的恐懼。

我立刻打給煓，然後屏住呼吸、躡手躡腳地走出來，立刻撒腿往煓家的方向跑，接到電話的煓帶上防狼棒也朝我家跑來。我的心臟怦怦跳。和煓會合後，我們在外面徘徊了好一陣子，才攬起對方的手臂朝我家走去。我按下密碼的手已經被汗水浸濕了。

嗶—嗶—嗶—嗶—

我們揪著一顆心打開房門，玄關到衣櫃只有三步距離，我們卻怎麼也邁不開步伐。煓手握防狼棒，我手持廚房的菜刀，然後一起喊：「一、二、三！」打開衣櫃，幸好裡面沒有人，我們這才鎮定下來。

一直看那些可怕又不舒服的影片，我變得更敏感了。非法拍攝影像就這樣開始影響我的生活。

[煓]：深夜，火的來電

「為了通風，我每天出門都會打開衣櫃……現在它是關著的。」

火的意思是，好像有人潛入了家中。我掛斷電話，立刻找出防狼棒，朝火住的地方飛奔。我在國、高中一直都是班上的大隊接力選手。平時我會告訴自己，若遇到施暴或性暴力等危險，要先確保自己的安全，三十六計走為上策，但那天，我只能不顧一切地往前衝。

跑到火的住處只需要三分鐘，在這短短三分鐘裡，所有擔憂在我的腦海一閃而過。我好像難以駕馭手中的防狼棒，早知如此，當初還不如買個胡椒噴霧就好。防狼棒的使用方法太殘忍了，它只有巴掌大小，只能當目標接近自己時才能使用，但縮小與罪犯之間的距離是一件很需要勇氣的事。如果罪犯靠近自己，握著防狼棒的手會聽從自己使喚嗎？唉，管不了那麼多了。這是正當防衛，警察一定會酌情處理的。話說回來，聽說防狼棒可以搗碎西瓜，萬一出人命怎麼辦啊？萬一戳到頭，噴出血怎麼辦？防身用品到底該怎麼用啊！

我跑得比平時還快，等過了前面的紅綠燈就到了，我看到火從另一頭走了過來。

「火！」

其實應該報警的，但我們還是決定親自去看看。

以防萬一，火在手機裡輸入好一一二[35]，做好隨時按下通話鍵的準備。

我們抵達火的住處。天啊，只見窗戶大開著。我朝火比手畫腳一番，然後躡手躡腳地走進屋裡，大喊一聲：「出來！」

一片寂靜。

我重新調整握姿，思考怎麼樣才能最大限度地不接近罪犯，又能用防狼棒攻擊到他。就在這時，火突然拿起菜刀。我心想，「哇，她怎麼這樣，真可怕。」我們已經無路可退，只能衝向衣櫃。

一、二、三——一片寂靜。

衣櫃裡只有縐得像開水燙過的菠菜似的衣服。鬆了一口氣。我雙腿發軟，不停顫抖，緊握防狼棒的手麻麻的，衣服也被汗水浸濕，襯衫散發出一股臭酸味。真想快點回家洗個冷水澡。

[火]：擔憂終究成為現實

十一月，我們的追查仍在繼續。凌晨兩點二十分，只聽「叮鈴」一聲，響起手機通知音——

「〇〇〇已加入 Telegram」。如果是存在手機電話簿裡的人申請了 Telegram 帳號，我便會收到這樣的的通知。

他是我做義工時認識的一個哥哥，雖然住在不同地區，但一年至少也會見個兩次。唉，不可能吧，他一定是為了工作申請的……對我而言，Telegram 就是一個兒童性剝削的犯罪現場，所以不由得產生了不祥的預感。我告訴自己，不會的、不可能的，但還是查看了我加入的聊天室成員列表……

為什麼不祥的預感總是那麼準呢？在充斥著非法拍攝影像和性騷擾對話的〇〇〇房裡，我看到了那個熟悉的人名。

恐懼、憎惡和憤怒同時向我襲來，更讓我氣憤的是，幾天前我們才見過面。我恨不得立刻打電話質問他，但轉念一想，萬一他為了報復，把我的照片上傳到聊天室怎麼辦？出於不安，我什麼也沒做。受到極大衝擊的我只對一起做義工的朋友宣洩不滿：「〇〇哥竟然申請了 Telegram，他是瘋了吧！」

我一直以為只有缺乏社交性且有問題的人才會加入 Telegram 的聊天室，但既幽默又開朗的哥哥也加入了，我受到不小衝擊，甚至覺得被背叛。加害者不僅存在於虛擬空間，也存在於現實世界，甚至就在我身邊。我切身感受到恐怖，在這樣的世界裡，要如何安全地活下去？會不會有人也拍了我的照片呢？恐怖逐日加劇，更加堅定了我要徹底揭露他們的決心。

[火]：妳太介入事件了

我的母親是老師，跟我最好的兩個姐姐也都是老師。從國小到大學，我遇到的都是很優秀、全心全意付出的老師。多虧了這樣的老師，我才能茁壯成長，所以直到現在我都很尊敬老師這個職業。

追蹤 Telegram 已經四個月了，熟人凌辱的聊天室如雨後春筍般不斷湧現，其中最有人氣的要屬「老師房」。不管對方是誰，只要是「女性」，加害者便會將其變成性娛樂的目標。他們非法拍攝老師的照片或用畢冊照片合成，散佈老師 KakaoTalk 的頭像和電話號碼，更甚者還會散佈老師家人的照片。這群人在聊天室裡上傳的老師照片超過上千張。

為了把受害事實告知當事人，我利用 Instagram 的主題標籤功能找到了每一個受害者。每當找到一個人並告知這件事時，內心都非常抱歉和難過。聯絡所有受害老師也讓我力不從心。當時，煓正在學習申論，但我還是向她求助。就這樣，我們聯絡到了二十餘人。

有一位老師無論怎麼搜尋社群網站都找不到本人，她的受害程度又特別嚴重，我們無論如何都希望可以找到她。據認識的姐姐說，在同個地區教書的老師之間會利用該地區的通訊軟體進行聯絡。遺憾的是，她與那位老師屬於不同地區，所以這個方法失敗了。沒過多久，一個加害者自稱與那位老師是同學，還把自己持有的照片進行了更過分的合成，上傳到聊天室。其他人蜂擁而至，大肆地性騷擾受害者。

怎麼辦呢？雖然我們聯絡了警方，但警察說僅憑名字和照片是找不到人的。我能做的就只有在網路上尋找受害者。我花了三天，終於找到那位老師教書的學校。我們考慮了很久，最後留下自己的聯絡方式。幸好老師聯絡了我們，我們一起指認嫌犯並報警。老師感激地說：「多虧兩位記者，才能抓住犯人，也避免了二度傷害。」經過這件事，我對記者所扮演的角色進行了更深入的思考。

記者能做些什麼呢？身為目擊者，記者是不是也能為解決事件提供幫助？我認為除了採訪和報導，記者還有很多事可以做。記得有一位前輩曾對我說：「妳太介入事件了，應該保持客觀。」當時聽到這句話，我沒有回應。不做任何反應是當下的我能做的小小反抗，因為我不知道在面對眼前發生的事時，記者應該保持的客觀，到底是什麼。

[火]：殘影

追蹤 Telegram 以來，我們看到的性剝削、非法拍攝和殘暴的影片多達上千支，最初關注這起事件時，我們直到睡前都在看聊天室。有一次，我進入聊天室，看到影片裡有什麼東西在蠕動，雖然影片只有短短一分鐘，但受到的衝擊難以用言語形容。我看得全身顫抖，毛骨悚然。

我多希望看到的不是N號房的真實影片，而是合成影片。雖然影片的一分鐘結束了，殘影卻持續了一個多星期。平時為了追蹤加害者，我凌晨才會睡覺，可自從看過那支影片後，我再也睡不著。只要閉上眼睛，影片就會清晰地浮現在眼前。殘影就這樣一點一點侵蝕著我的身體，鑽進我體內。這種現象持續了很長一段時間。

某一天，一位記者提出希望能根據N號房的影片比對一下判決書內容，於是我不得不又仔細看了一遍N號房的性剝削影片。我當時想，如果這是與 GodGod 有關的嫌疑人的判決，說不定可以找出抓住 GodGod 的線索。雖然記者提出索取N號房影片的要求，但我不能提供。儘管當時N號房的事鬧得沸沸揚揚，但N號房中仍然還有三個聊天室存在著。

由於最早加入N號房的加害者又開設了第二、第三個N號房，就算最初的N號房解散了，還是可以透過現存的聊天室看到那些影片。為了比對判決書內容，同樣的影片我看了不下十數次，為了尋找蛛絲馬跡，反覆按下暫停和擴大畫面。

幾個小時後，我終於找到判決書內容與影片一致的證據。但找到證據的喜悅只是暫時的，未能找到判決書中存在的受害事實，則給我帶來更大衝擊。這衝擊轉換成無論如何都要將 GodGod 繩之以法的憤怒，以及未能及時幫助到那些暴露在性犯罪中的孩子的罪惡感。憤怒和罪惡感就這樣不斷蠶食著我。

我感到無力且頭痛欲裂。「為什麼會發生這種事？如何才能糾正這些錯誤呢？」至今我也沒有找到問題的答案。或許直到死的那天，留在腦中的殘影也不會抹去，至少在找到答案前是無法抹去的。為了終結在大韓民國蔓延的網路性暴力，我會反覆揭開傷疤，不斷去思考問題。

[煓]：殘影只是殘影

「最震撼的畫面是什麼？」這是我們聽到最多次的問題之一，我們的回答是：「所有畫面都很震撼。」記者、節目編劇和製作人都會要求我們介紹一個至今仍留在腦海中的場面，這樣的要求迫使我們不得不強行喚起沉澱在記憶最深處的殘影。

寫下這篇文章是在二〇二〇年八月七日，截至今日，我們潛入 Telegram 聊天室已有四百天。

僅今天一天，從早上九點起床到下午六點，我特地數了次數，Telegram 聊天室的殘影出現過四十一次。此刻已經超過了這個數字，因為在寫這篇文章時，殘影又持續出現。之前的殘影模糊不清了，但它們一定還潛藏在大腦的某個角落。偶爾想起那些加害者低級的性騷擾和厭女對話，我仍會覺得很不舒服。如果可以，我真想把大腦的每一個角落沖洗得乾乾淨淨。

我想聽到這樣的問題：現在受害者恢復平靜生活了嗎？政府是否妥善地保護受害者？需要推動哪些法案？如何才能改善法院無關痛癢的過輕判決？我希望未來能談及這些事。

殘影，不過是過去的樣子罷了。

[火]：堅持到底

最初我和煓決定採訪的並不是 Telegram 的 N 號房，而是深入調查 KakaoTalk 開放聊天室中上傳性剝削文章的聊天室。

聚集在 KakaoTalk 開放聊天室[36]的人少則三十名，多則四百名，這些人上傳了東南亞性剝削的訊息，或非法拍攝東南亞女性的照片。有些聊天室需要用男性的聲音認證才能加入，但大部分都是隨意入場。我在一天內加入的聊天室就有五個，成員恣意地物化女性，討論著諸如某地區某人身材很不錯等話題。

二〇二〇年五月，我以為這些人會在N號房事件後就此收手，沒想到時隔十一個月後，還是可以輕易地加入聊天室。有人會問，為什麼對他們的生態系統如此了解，理由就是這麼簡單。但為了防止繼續有人加入，在此我就不詳細說明了。

這些人剝削女性的行跡隨處可見，很多人都跟高談房的Watchman一樣提供資訊，然後被當成大哥款待。部分人還會遺憾地說：「因為新冠肺炎，又吃不到『普銀』，連『泡菜』也沒得吃了。」「普銀」是泰語「女人」的意思，聊天室參與者會用這個詞物化東南亞女性。「泡菜」則是貶低韓國女性的用語。

無論是展開採訪的二〇一九年六月，還是現在的二〇二〇年五月，沒有任何改變，那些人仍然發表著厭女言論。雖然我們發現Telegram的N號房後，改變了採調的目標，但這絕不意味著之前的事件不重要。韓國社會有著把女性的性公開當作娛樂消費的文化，我已經不感到意外了，因為在打工的地方，就聽過老闆炫耀過自己跟朋友一起到東南亞旅行時，遇到十八歲少女的事。

36 可用搜尋功能找到的聊天室，通常會設定聊天主題。

[火]：隨機聊天

國中時，智慧型手機剛普及，那時什麼都不懂，只要是App Store裡的人氣軟體就會下載，其中一個軟體是「隨機聊天」。剛安裝好，便不斷傳出訊息通知音：「傳張自拍照吧」、「拍張腳的照片吧」、「我們見面吧」，大部分都是這樣的內容，那時我並沒有意識到這樣的聊天有什麼問題。我沒有理會那些要求上傳自拍照的人，但有人提出「拍張腿的照片」時，我心想「拍腿應該無所謂吧」。那個人為了得到我的腿的照片，說盡了甜言蜜語。可是他為什麼想看我的腿呢？出於這樣的疑問，我拍了自己的腿，但心裡總覺得怪怪的，於是便刪除了那個軟體。

追蹤N號房事件時，我回想起這件事。假如我沒有刪除那個軟體，還把腿的照片傳給對方？假如對方是一個更懂話術的人，除了我的腿，還會提出想要手的照片，最後一定會要自拍照吧。

二〇二〇年七月，N號房事件浮出水面後，一切是否有所好轉了呢？我帶著這樣的期待，又下載了那個隨機聊天軟體。才安裝好，便收到諸如「我們開個房見面吧！」、「妳幾歲啦？」、「援交嗎？」等訊息。我回覆他們說自己國三，但只有一個人跟我道歉，其他四個人都說沒關係，出來見面吧。就在我心想五個人裡至少有一個是有良心的時候，沒想到那個跟我道歉的人在五分鐘後又傳來訊息：「如果妳願意，我們見個面如何？」

App Store 上有兩百多個隨機聊天軟體，我只下載了其中一個。從下載到安裝不到一分鐘，就遇到了五名預備性犯罪者。雖然近年來社會一直指責，大部分以青少年為對象的性犯罪案件都是來自隨機聊天軟體，這個問題至今仍沒有得到解決。二〇一五年，透過隨機聊天軟體見面後、遭遇性侵的十四歲少女，最後在汽車旅館慘遭殺害；五年後，「博士」趙周彬利用隨機聊天軟體物色「目標」，在線上引誘受害者，然後威脅她們見面。這樣看來，國中時的我只是運氣好，才沒有遭遇這些事。

縱觀網路性犯罪新聞下的留言，很多人會問：「為什麼要隨機聊天？」、「為什麼開脫序帳號呢？」但我要反問：難道只有女性在使用隨機聊天軟體和開設脫序帳號嗎？也有很多男性使用者啊。為什麼只有女性遇害呢？而且遇害女性中青少年居多的理由又是什麼呢？正是因為犯罪者把女性鎖定成目標。發生這樣的事，與隨機聊天軟體和脫序帳號無關，追問受害者「你們是否也該負點責任」，只會賦予加害者犯罪的正當性。向受害者提出「妳們為什麼這樣做」，等於二度傷害，我們應該追問的是加害者——你們怎麼可以這麼做？

只有監督那些誘導青少年使用隨機聊天軟體、謀求利益的企業，關注如何嚴懲非法使用者，我們才能守護國家的未來。

[煳]：你現在站在哪一邊？

當實習記者時，我最關心「非法拍攝」的問題。當時正值譴責非法拍攝調查不公的示威遊行，這是亞洲最大規模的女權示威遊行，國會相關人士紛紛透過自己的社群網站發表鼓勵遊行的聲明。我很想將這些發言全數報導出來，但主管不同意，因為光是寫那些上了首頁「即時熱搜詞」的相關新聞就不夠時間了。

那時偶爾會看到有人提出質疑，說這是一場女性優越主義者策劃的暴力示威。看到這種陰謀論，我十分焦慮。如此一來，不要說宣導非法拍攝的嚴重性了，搞不好大家還會把這場示威看成少數存在「受害意識」的女性為了助長「厭惡男性」而發起的示威。

我的急躁終於闖了禍。我未經本人同意，擅自報導了某教授發表在自己社群網站的內容。該篇報導下出現數不清的惡意留言。當時，社會對於「非法拍攝是嚴重犯罪」尚處在缺乏共識的階段。當晚，主管打給我，轉達了那位教授的尷尬處境和對我的失望。

如果沒有採訪到本人，至少要經過本人同意才能將其寫的文字寫成新聞，但我沒有這樣做。這是我在實習記者時期犯的第一個錯，我羞愧難當。我平時很敬重那位教授，所以主管轉述的那些話如同匕首插在我的心頭。我苦惱了兩天兩夜，最後寫了一封道歉簡訊。

教授回覆，如果按照程序進行，他會欣然接受我的採訪，最後還寫了鼓勵我的話。那天收到的簡訊至今還存在收件匣，它成為我每次採訪時都會找出來看的珍貴寶物。

一年後，我和火開始追蹤N號房事件。在將這起事件報導出來前，為了諮詢如何避免二度傷害網路性犯罪受害者，我聯絡了那位教授。在尚未保障N號房事件受害者的安全下，我們不知道是否可以將這件事報導出來。雖然我們也諮詢過現任記者和警察，但還是想聽聽學術界人士的意見。我們在郵件中列舉了幾個問題，寄出郵件後，教授回信了：

妳現在站在哪一邊呢？摧毀那些加害者團結的第一步，是不再默許和旁觀他們散佈那些影像。不應讓性犯罪受害者來承擔這些羞恥，而是要把羞恥的責任轉移到那些同聲一氣的加害者身上，揭露並且檢舉他們。

我們清楚若要阻止這些加害行為，就必須將N號房事件付諸公論，但我們仍充滿擔憂。我們是否會持續關注這件事呢？會不會只讓受害者陷入困境呢？正是出於這樣的擔憂，才會猶豫不決。

最後，我們還是堅定了報導的決心。我把教授的話抄下來，貼在筆盒裡。每當心軟時，就會打開筆盒反覆閱讀，再次堅定「不再對加害者袖手旁觀」的決心，持續追蹤N號房事件。

@第六章——報導N號房之後

[火]：七十次訪談

三月九日，《國民日報》連載N號房追蹤記後，以《傳媒今日》為開端，陸續收到各大媒體的邀約。之前都是我們主動聯絡MBC的《實事調查隊》和SBS的《想知道真相》，自從這起事件引起社會關注後，媒體反過來向我們先伸出了橄欖枝。

三月的第四週，我們每天都在受訪，別說吃飯了，連睡覺的時間都沒有，一家媒體結束又要奔赴另一家。記者不停追加各種問題，並希望我們提供相應的資料和照片。

起初我們滿腔熱血，出於擔心記者們不再關心此事，就連沒有問的問題也積極解說。從早到晚受訪的生活持續了一段時間，我們漸漸感到疲憊。我和煓都很熱愛美食，卻慢慢地連胃口也沒有了。訪問結束後都精疲力盡，也不想再跟任何人多說一句話。不光身體，心裡也很疲憊。後來在受訪途中，煓突然流下了淚。只要看到電視裡有人哭，就會跟著流淚的人明明是我，可當下哭出來的竟然是煓……我曾告訴自己不能在別人面前哭，因為我們是支撐某些人的堅強後盾。我咬著嘴唇，強忍眼淚，但並沒有堅持多久。

某次採訪時，製作人問我們追蹤N號房的過程中最辛苦的是什麼？聽到這個問題，過去所有的事在我腦中閃過，使得我一直緊繃的理智終於斷線，眼淚潰堤。為了止住眼淚，我仰望天花板，但眼前始終一片模糊。煓也跟我一樣，我們哽咽的結束了那次訪問。

必須證明受害事實的壓力，以及在收集與N號房相關證據時產生的心理陰影，遠比我們想像得嚴重。隨著受訪次數增加，頭痛越來越嚴重。即使是重複回答相同的問題也痛苦不已。我和煓很想取消之後的所有採訪，但想到只有這種方式才能讓更多人了解這起事件，還是咬牙撐了下來。

我們比任何人都渴望媒體報導此事，但也有被我們拒絕採訪的媒體。那是一個時事教育節目，節目組希望把我們塑造成主角，邀請我們進行長達四個小時的訪談。我們小心翼翼地婉拒：「我們能做的只是說明事態，並不是事件主角。」節目組又提出另一個方案：「我們邀請了一位數位禮儀師[37]，希望可以拍攝你們一起追蹤罪犯的影片。」我們從沒跟這種人合作過，這是不符合事實的內

37 一種新興職業，專門替委託人刪除往生者或在世的人的數位裝置資料。

容，於是也拒絕了。

「妳們必須做這件事。」節目編劇的反應讓我們懷疑了一下自己的耳朵。星期四晚上結束一場直播訪談後，回家路上接到這通電話。最初我們接受所有媒體邀約，並積極提供資料（受害者影像除外）。我們可以理解對方做節目的立場，但不希望這起事件被消費。跟端商議後，我們明確拒絕了他們。

拒絕採訪後，雖然心理上很不舒服，但至少能讓身體休息一下了。整整一週連吃飯的時間都沒有，這突如其來的休息顯得尤為珍貴。我們馬上去了醫院，詢問是不是該接受心理諮商。但得到的回覆是妳們「沒有問題」。可事實上，我們並不是沒有問題。

接踵而來的邀訪、重複的問題、縈繞腦海的殘影和少數記者看待問題的態度……所有的一切都讓我們力不從心。隨著採訪增多，對於「付諸公論」的責任感也加重了。

現在我們好多了，但被問到什麼時候最辛苦時，我們首先會想到三月的第四週。接受媒體採訪的那一週是最痛苦難熬的，但正如我們預想的那樣，這起事件終於引起了媒體關注，因此我們一點也不後悔。

[端]：短短一週，漫長得像一年

二〇二〇年三月的第四週，我們吃的苦頭不亞於一年。三月第三週，警方逮捕了趙周彬。我們從準備了六個月的媒體考試就業生，變成最初報導和檢舉Telegram真相的大學生記者「追蹤團火花」。我們暫時退出申論考試的讀書團，開設「追蹤團火花」YouTube，接受媒體採訪。原本「家↓咖啡廳↓打工↓家」的日常，一夕之間發生變化。從三月二十三到二十七日，我們接受了包括KBS、MBC、SBS在內的十七家媒體採訪，見到三十多位記者和製作人。

我們不是偶像，卻體驗了偶像那種地獄行程。平日壓力大時，我會靠吃美食和甜點抒壓，但這次既沒有餘裕也沒胃口。雖然每次出門都會跟奶奶說：「我等一下跟朋友一起吃飯。」但直到晚上回來為止，都很少吃上一頓像樣的飯。

星期二到四的行程排得最滿，這三天我們等於是為了生存而吃。星期二，在等YTN《有新聞的夜晚》電話連線時，我們才吃了當天的第一餐，麻辣燙；星期三有五個訪問，幸好《韓民族21》把採訪地點定在中餐廳，我們才能吃到一份松茸蓋飯（同天，JTBC記者買給我們的沙拉都沒時間吃，只能帶回家當宵夜）；星期四上午，結束韓國《赫芬頓郵報》的採訪後，我們吃了麵，晚上《國民日報》的採訪結束後，吃了豆腐鍋。這樣整理出來，我們好像吃得還不錯，但完全不能跟平時相提並論。

星期四那天，在走進TV朝鮮《七點新聞》攝影棚前，我為了應急，在藥局買了一萬元的疲勞恢復劑和清心丸。我很想回家休息，但記者說：「這是攝影棚直播，可以完整傳達妳們想要談的內容。」我只好硬著頭皮接下來。但出現問題的不是我的腦袋，而是身體，身體做出了反抗。我們隨記者坐車前往攝影棚的途中，當我思考著稍後要講的內容時，眼淚突然流了出來。我一時驚慌，為了控制越來越強烈的情緒，我趕快閉上眼睛，但淚水還是止不住的奪眶而出。幸好當時車內很昏暗，沒有人看到我在哭。

即使目前是我們幾個月來最期待的時刻，卻怎麼也高興不起來，反倒更委屈難過了。我氣那些事到如今才來關心這件事的掌權者，也因自己未能及時站出來阻止事態發展而內疚。因為怕家人擔心，我故作堅強，但其實我也很怕受傷害。

三月的第四週，成為鞏固我和火的情誼的重要契機。在那一週裡，在前往採訪地點的地鐵和街上，我們互相鼓勵。為了減輕彼此的負擔互相安慰對方，如果想放棄，隨時放棄也沒有關係。即使辛苦，但並不意味著只有憂鬱，我們之間還存在著幽默感。這種幽默感不是別的，而是「眼淚」。如果誰先在採訪途中流淚，就靠嘲笑先流淚的人來抒壓。我們整天黏在一起，晚上一個人躺在床上時，我會想著火還好嗎？那段時間，每天睡前我們都會鼓勵對方，說一聲「我愛你」和「謝謝」。追蹤團火花不是我獨自一人，真是值得慶幸。

[煓]：如果沒有成為「追蹤團火花」

自從以「追蹤團火花」之名接受媒體採訪後，我們回顧了很多過去的選擇。監控 Telegram 聊天室，檢舉隨時發生的性剝削事件，遠比想像得更痛苦。我明明安穩地坐在自己房間，卻像身處陌生地方一樣恐懼，彷彿受到了威脅。憤怒和憂鬱反覆上門，負面情緒纏身。我也曾後悔，而且不停地想：如果那天我們做了其他選擇，會怎樣呢？

我反覆回想，如果那天跟火見面的地點不是〇〇站，而是××站的話會怎樣？如果我在〇〇站跟火碰頭一起轉乘，火也不會遇到那種事了。

火：我報警了。妳能過來接我嗎？我好怕。

煓：好，妳在哪一站？

火：現在在〇〇站。

煓：要不要通電話？

火：不行，警察會打來。

煓：那個大媽還在？

火：不知道，我不敢看，妳趕快過來。

煓：我在路上了，妳別擔心！

抵達〇〇站後，我沿著扶手電梯往地下跑去。手裡握著手機，擔心趕過去的途中火會打來，祈禱著不要發生任何事。

火：還有一站，但我看不到那個大媽了。

煓：我現在在〇〇站的月臺，妳下車就能看到我！

火：知道了。

如果可以知道火在第幾節車廂，如果約更早一點，如果還在其他日子見面……看到火哭著走下地鐵，我朝她跑去，把準備好的面紙遞給她。當下應該等火先穩定情緒，但我們沒有時間，因為要去見警察。我和火一起上了手扶梯，我摟著火的肩膀安慰她，那是火第一次在我面前垂頭哭泣。

現在想來，我和火經歷了很多「第一次」。第一次潛入N號房，第一次以大學生記者身分受訪，第一次匿名參加社會運動等。雖然都是第一次，但目前為止我們都做得很好。至少我們是這樣想的。我們總說，幸好追蹤團火花是兩個人，現在卻只有火一個人在哭。我能做的只有安慰她，我喉嚨乾澀，嚥下的口水都帶著眼淚的鹹味。

那天，因為不能讓火獨自回家，我們找了個地方住。我在住處不停地想，如果抓住那個跟蹤火的大媽，如果警察比我早一步趕到，如果我們沒有接受媒體採訪……

由於擔心說出自己的狀況會增添對方的負擔，我們並沒有互相吐露追查期間產生的心理陰影。在醫院也是各自接受心理諮商，無從得知對方經歷了怎樣的痛苦。我們只能揣測，我都這麼痛苦了，對方一定也很難受吧！有時我會說出自己的感受，然後問火的心情如何，但她始終面無表情，偶爾還會撅起嘴。看到她這樣，我知道她是無力回答。記者也會提出跟我相同的問題，每當這時，火都會抬起頭，咬著嘴唇。

當火向別人講述自己在〇〇站經歷的事時，表情十分凝重，但聲音很堅定。每當看到盡力表達意見和想法的火，我都會感受到四周籠罩著一股踏實的氣氛。

感謝火撐了過來。六月底，諮商師治療結果後，我們才有機會分享了彼此的經歷。我和火以各種冥想和心理治療，把不願回顧的事情收納成記憶的一部分，透過訴說自己的痛苦和聆聽對方，漸漸治癒了心靈的創傷。我和火還分享了各自對冥想的喜好，火喜歡「山冥想」，我則喜歡「鐘聲冥想」。

七月，我們結束心理諮商。雖然不知道火最近是什麼狀態，但在她本人先開口前，我是不會追問的。每個人接受痛苦的速度不一樣，就算當下沒事，說不定明天就會變得很糟糕。我也是如此。

[火]：爸，您懂我的心吧？

N號房事件付諸公論後，家人很為我擔心。父母雖然知道我得了新聞獎，卻不知道具體報導了什麼。我不想家人為此事而痛苦，但他們還是透過新聞了解了事件。有一天，母親在家族群組裡傳了一則訊息：「我看了《國民日報》的報導，火啊……妳怎麼會追查這種事呢？媽媽很擔心妳。」就連在國外工作、木訥的姐姐也生平第一次為我擔心，「放胖，妳小心點。」

當時父親沒說什麼，過了好一會，才傳了一則訊息給我：「爸爸為實現正義社會而孤軍奮戰的妳鼓掌。原以為不過是個微不足道的開始，沒想到卻帶來如此驚人的結果。從妳的報導，我們知道了網路性犯罪無處不在，也知道了這些弊端有多嚴重。我們家的火真是了不起啊。」

這是我有生以來，父親傳給我最長的一則訊息，內容不是擔心，而是稱讚。這讓我內心充滿感動和感激。三月的第四週，我們接受無數採訪，最後一個採訪結束的星期五晚上，我直接來到長途巴士站。雖然整整一週幾乎沒怎麼睡，身心疲憊不堪，但我很想念家人，於是直接跳上回家的巴士。看到來車站接我的父親，喜悅的心情湧上心頭。

一上車，父親便開始不停發問，那些問題都是我在幾十個採訪中反覆回答過的，根本不想再多說。我難掩疲憊的神色，不耐煩地對父親說：「爸，你去看新聞，新聞都說了啊。」說完我就閉上了眼睛。

回到家，我心裡還是很不舒服。電視不斷報導N號房的新聞，父親把我叫去。我輕嘆一口氣，慢悠悠地走到客廳。父親一臉嚴肅地看著新聞，然後問我：「那些加害者是犯了不可饒恕的大錯，但受害者也有不對吧？」

「您這是什麼意思？怎麼能這麼說呢？這完全是加害者的錯啊！怎麼能讓受害者承擔責任呢？」

我下意識地提高嗓門。

「火啊，我不是那個意思……」

當時我已經精疲力盡，再也聽不進去任何話了。我只希望大家看到我們的訪談，聽到我們的證詞後能體認到存在的問題、產生共鳴，甚至覺得這是理所當然的事。但我連自己的父親都沒有說服，又要如何說服世人？挫敗感湧上心頭，我回房蒙上被子、號啕大哭。

我在做什麼？就算做了這些，又能帶來什麼改變？我頭痛欲裂。隔天一早天剛亮便收拾好行李，沒跟父親道別就直接返回首爾。我沒有信心面對他。

接下來的一週也很忙碌，我們要準備受訪、女性家族部的座談、KBS的合作、接受心理諮商和向警察局申請人身保護。忙碌的一週過去後，週末又來了，就在我苦惱著要不要回家時，父親打來說要請我吃烤肉，於是我勉強地上了回家的巴士。父親跟往常一樣到車站來接我，遞給我一杯青葡萄汽水，那是父親怕我坐車太久會口渴，在咖啡廳買的飲料。他問咖啡廳店員：「我女兒二十幾歲，他們年輕人都喜歡喝什麼啊？」一想到父親為了跟我和解，怯生生地去問這種問題，我的眼眶都紅了。我假裝打了個哈欠，趁機擦去眼角的淚水。

以追蹤團火花之名展開追查以來，我們有時會遇上抉擇的路口。每次向父親詢問意見時，得到的回答總是一樣：「火，照妳想做的去做，這就是正確答案。」父親完全信任我，就算是擔心女兒而徹夜難眠，也不會質疑我做的事。上個週末回家，我忘了帶筆電充電器，提早返回首爾。母親傳來訊息說，父親為了見我提早下班回家。我猶豫著要不要打電話給他，最後因為難為情，傳了一張自己嘟著嘴、大張鼻孔、眼睛瞪得圓圓的搞笑照片。

爸，下週一起吃飯吧。

[端]：爸，謝謝您

這件事發生在我們以追蹤團火花之名四處受訪時。父親工作到凌晨，而我整天都在外面，幾乎很少見面。雖然知道家人很擔心我，卻不知道他們在擔心什麼，以及到底有多擔心我。

三月第四週的某一天，受訪結束後，我深夜坐地鐵回家，突然下起了雨。因為沒有雨傘，我只好打給父親，請他來地鐵站接我。電話另一頭的父親聲音很親切，卻帶著某種不安。看到父親遠遠地拿著雨傘向我跑來，我的心才踏實下來。上了車，好不容易喘口氣，父親便開始提出各種問題。我用近似山羊叫的啞嗓說：「爸，我今天做了七個訪問，您就讓我休息一下吧。」

話才說完，父親便道出我有生以來第一次聽到的擔憂：「那些傢伙已經沒什麼可損失的了。他們連大人都敢欺負，更何況是妳們這些年紀輕輕的小女生。他們一定不會放過妳們，就算現在沒事，等他們刑滿出來，一定會報復的。」這也是我一直擔心的事，只是沒說出口罷了。聽到父親這席話，我突然覺得像被人狠狠擊中，情緒激動起來。

「爸！我已經夠累了，別再說了！我明天會去醫院做心理諮商，你不用為我擔心！」

「心理諮商？哪家醫院？」

「首爾的醫院，《國民日報》替我們安排的，放心吧。」

「不行！這種事不能讓別人知道，我在家附近幫妳找一家。」

「我不要！我必須立刻看醫生！我要痛苦死了！」

我竟然朝爸爸大吼大叫起來。瞬間，車裡安靜了下來。我意識到自己太過分了。

「爸，對不起。我沒有嚴重到要死的程度啦。」

「唉，端啊。是爸不好，不知道妳這麼痛苦。對不起……」

那天之後，每次見到父親我都深感內疚。父親總是先考慮我的感受，能遇到這樣的父親，我感激不盡。

[火]：我的變化，社會的變化

二〇二〇年初，我來到首爾，報名了一間早晚上課的補習班。早上上完課後，我會在咖啡廳一邊吃三明治，一邊聽線上課程自學，到晚上再去上課。身為面臨就業的大學生，我跟準備聯考的考生一樣迫切。就這樣，兩個月過去，不知不覺迎來了三月。

三月底，之前吃過閉門羹的媒體紛紛提出採訪邀約。我們的工作堆積如山，不只採訪，還有講座、警察廳訪談、寫YouTube腳本和拍攝等，實在分身乏術，最後只好暫時中斷了補習。

由於我們經常在媒體上露面，父母非常擔憂。母親時不時會打來說：「不要住在首爾了，回家吧。雖然媽知道這是該做的事，但我不希望是自己的女兒去做。」但如果一定要有人做這件事，我知道那個人就是我。

出於擔憂，朋友要我趕快把KakaoTalk的頭像刪掉，於是我一口氣刪了五十多張照片。多虧聽了朋友的話，後來我們發現有MBC的記者加入了博士房付費會員。我把社群網站上家人、男友照片也刪了，實在無法忍受有人攻擊我的家人和男友，我害怕極了。

自從上次在地鐵被人跟蹤後，很長時間我都不敢再搭地鐵。哪怕要多走一段路，我也會刻意到離家很遠的地方搭地鐵，距離比較近的地方就搭計程車。因為不熟悉首爾的公車路線，趕時間時還是只能搭地鐵。每當這時，我每五秒就會環顧一下四周。

最近我還會擔心某些地方是否會安裝針孔攝影機，別說公廁了，就連我在首爾住的套房也教人不安。平時自己一個人在家，我會穿輕便舒適的衣服，但一躺下就會十分不安，萬一冷氣機裡有針孔攝影機怎麼辦？開始收集證據後，我出現焦慮症和妄想症狀。但這種擔憂並不是無緣無故的，因為去年新聞報導過在租屋冷氣機裡發現針孔攝影機。這種新聞看多了，我也難免產生了受害意識……

我覺得自己再也無法重返平凡的日常了。雖然有時會懷念過去，但我沒有後悔，我的人生發生了變化，社會也發生了變化。二〇二〇年五月，通過了「N號房防制法」，提高網路性犯罪的刑責。看到我們的社會發生著大大小小的變化，雖然未來的路還很長，但確實吹起一股改革之風，不禁覺得自己做的事很有價值。

@第七章──追蹤團火花的起點

[火]：今日的苦惱

我的人生規劃是：二十六歲成為電視臺記者；三十二歲當媽媽；五十歲，用畢生賺的錢環遊世界到六十歲；六十歲後，把十年旅行的所見所聞寫成書出版。

這都是我小時候訂的計畫。卻沒想到，還沒就業就先寫了一本書，等於是提前實現了三十年後的計畫。人生真是沒有一件事是按照計畫來的。想到正在寫這本書的自己，不由得笑了出來。

大學畢業在即，我倍感壓力，因為讀的學校不是什麼名門，成績也很普通，要用這麼平凡的「履歷」準備就業，不禁感到茫然。為了突破困境，我想到了平時死也不肯努力的學業。雖然明知父母希望我盡快找一份工作，我還是假裝不懂地跑到首爾讀起研究所。

三月，N號房事件終於浮上檯面。隨著社會對這起事件的高度關注，追蹤團火花成了媒體寵兒。我們比任何人都希望N號房事件付諸公論，但我們的生活也因此亂成一團。因為一次付四個月補習班費用可以打折，於是提早交了四個月的學費，最後卻沒時間去上課。

眼看在首爾租的房子再一個月就到期了，我心想房租那麼貴，不如寫完這本書就回老家吧，或到房租更便宜的地區看看。但要做的事那麼多，哪有時間找房子，現在連工作都沒有，萬一找到房子後要去其他地方工作……各種苦惱接踵而來。

我的計畫早已亂作一團，未來也充滿不確定性。我不知道是該以追蹤團火花的身分繼續當記者好，還是該去考媒體的公開招聘。以追蹤團火花的身分受訪時，不少記者問我們：「沒有地方要特招妳們嗎？」不久前，還有記者興高采烈地祝賀我們：「聽說妳們被《〇〇日報》特別錄用了！」

「嗯？真是第一次聽說，要真是這樣該有多好……」

經常有記者對我們說：「去媒體公司幹麼！還不如以追蹤團火花之名創一家獨立媒體呢！」然而，我們也要解決溫飽的問題，警察能保護我們到什麼時候也是未知數。

持續不斷的苦惱，什麼才是標準答案呢？世間真的存在沒有後悔的選擇和標準答案嗎？雖然未來充滿了不確定，但只要一步步踏實地走下去，竭盡所能做好眼前的事，總有一天會證明，現在經歷的一切就是最好的選擇，也會迎來心安理得的日子。正如歌德所說，人生最重要的不是速度，而是方向。既然選擇了正確的人生方向，那就一步一步走下去吧。

[煓]：我們不是花，而是火花

「火，妳也要寫非法拍攝嗎？那我們一起啊！喔，妳要寫非法拍攝○○，那我們的選題不一樣，放在一起寫太複雜了，還是各寫各的吧。」

新聞寫作課上，我和火選了相同題目，等於是以同一個題目展開競爭，所以我很想知道火會怎麼寫。

教授看我們的選題和關心的內容都差不多，建議我們一起參加新聞獎：「妳們準備看看，深度新聞獎的機會難得，況且獎金豐厚啊！」於是我和火決定不以個人名義報名。

「團名叫『火花』怎麼樣？」

「好啊！」

很多人好奇我們為什麼叫火花。首先，之所以使用匿名，當然是為了保護人身安全。最近，我們為預防性暴力的講師進行演講，過程中沒有人問「為什麼取名叫火花」。我們心想，一定是來聽演講前大家都做足了功課。但演講結束準備退場時，有人提出了這個問題。「為什麼是火花呢？請問，這個名字是不是取自電視劇《陽光先生》的經典臺詞：『我也活成了一朵花，但不過是火花罷了』？」

我們沒看過那部電視劇，但沒想到還有這麼意味深長的含義。

「嗯，意思差不多。」

「真的嗎？這名字取得太好了！」

四月，我們參加女性家族部長官主持的緊急講座，長官也稱讚我們名字取得好，充滿活力。《國民日報》連載「N號房追蹤記」後，我們受訪時說：「因為我們點燃了關注網路性犯罪的火苗（……）希望這起事件能像火花一樣綻放，所以取了火花這個名字。」我們為這個名字找到了很多有意義的理由，並為取了一個這麼棒的團名而興奮。我們沒有定義火花的意義，只希望大家記住它好的一面。比起名字的意義，更重要的是應以火花這個名字展開什麼行動，才是我們需要深思熟慮的問題。我們相信唯有行動，才能定義火花。

「我們不要做會凋零的花，而要活成燃燒的火花。我們希望斬斷父權制，與資本主義把女性視為美麗的花進而他者化，最終只把女性視為『生殖器』。我們不是花，而是火花！[38]」

38 二〇一八年由女性團體「不適的勇氣」主辦的「譴責非法拍攝調查不公」示威標語上，也使用過這句話。

[火]：公開長相

最初報導N號房事件時，我們使用的名字是「火花」。考慮到那些加害者擅自使用社群網站上女性的照片進行凌辱，擔心使用真實姓名也會遭遇類似情況，所以決定匿名，採取最起碼的防禦、避免可能的威脅。

二〇二〇年三月，N號房事件引起社會關注，我們接受各家採訪。雖然影片為我們加上馬賽克，但身邊的人從輪廓和聲音一定能猜出那就是我們。家人看到沒有嚴格進行馬賽克處理的採訪，很擔心地說：「怎麼看這都是妳啊，別人不會認出來嗎？」

我們明白家人和朋友的擔憂，但偶爾還是會想露臉。我們又沒做錯什麼，每次都遮遮掩掩的，實在很不舒服。如果能露臉，限制也會減少，說不定還可以做更多事。

我們從三月開始就針對這個問題進行不下十數次的思考，但最後結論都是「不行」。我們想起最初決定匿名活動，最擔心的是合成照片，但如今在追蹤團火花已經公開的情況下，根本無法預測會有什麼危險在等著我們。即使現在不存在危險，也不能掉以輕心。

說不定我們早已經被偷拍了，雖說沒上過幾次電視，但萬一個資被公開，成為加害者的「人氣作品」該怎麼辦？我就連看到常去的咖啡廳廁所換了新的芳香劑也會不安。真不知道這種不安何時才會停止。

我也很怕被身邊的人背叛。同學、朋友和鄰居中或許也有加害者的不安，讓我體認到現實的殘酷。網路性犯罪類型之一的「熟人凌辱」，可怕之處就在於明知朋友就是罪犯，卻很難抓出這個人。在這個無法相信任何人的世界，如果連朋友都要懷疑，豈不是太恐怖了。何時才能解決這些事呢？何時我們才能安心地公開長相呢？

[熓]：追蹤團火花是「兩個女生」

有一次，在公營廣播電臺的節目中，跟父親年紀相仿的男主持人表達了對我們的擔憂。他的意思是：「妳們都是業餘記者，還是兩個年輕的女大生，不如把這件事交給主流媒體。」聽到他這席話，火一臉無奈，我則直接罵了髒話。這期間，我們向媒體檢舉N號房事件，希望有人關注這件事時，他們都毫無反應。事到如今卻一邊鼓勵我們，一邊又要我們放手，真夠無言的。我們也知道N號房加害者的主要目標都是年輕女性，看到我們是學生，產生這種擔憂也可以理解，但最好不要用有色眼鏡來看待我們——身為記者，我們會做記者該做的事。在報導真相這件事上，年齡和性別一點都不重要。

「請問『追蹤團火花』有幾位成員？兩位？都是女生？真是太了不起了。」打電話向我們要求提供資料的記者這麼說。因為我們是女生，所以他覺得做這件事「太了不起」了。我可不這麼認為。如果真想根除網路性犯罪，無論是誰都有可能像「追蹤團火花」一樣付諸行動，這跟是男是女毫無關聯。沒有人能對身陷困境的受害者視而不見，至少我們是如此。

我們不會忘記那些真心向我們表達感謝的瞬間。記得在最近一次演講時，我們發給聽眾名片，上面寫了我們的業務用電話。那天在回家的地鐵上，我們收到這樣一則訊息：

我是剛才提問妳們的名字是不是來自《陽光先生》經典臺詞的人。我已經一把年紀了，但還是很害羞，傳這則簡訊是因為很想對妳們說些話。

看電視時，我會告訴女兒，有兩種人是在從事獨立運動的，一種是對抗三星集團的人，另一種是對抗腐敗檢察體系的人。二〇二〇年後，對我而言，火花也是帶著這樣的意義來到我們身邊。以後再看到新聞，我要告訴女兒，火花是蘊含著新意義的獨立運動家。

雖然這不是讓我們傳達私人情感用的電話號碼，但請原諒我這樣使用一次。真心感謝妳們。

首先，她接受了原本的我們。其次，雖然她很害羞，仍鼓起勇氣表達了感謝。最讓我們感動的是，她願意自豪地把我們的作為介紹給下一代。原來這才是充滿感激的問候啊。

我和火希望分享這份喜悅，於是沒有直接回家，拖著疲憊不堪的身體，去吃了我們喜歡的麻辣燙。

第三部

一起讓星火燎原

@博士被捕

二〇二〇是非常不尋常的一年，是火花就此「點燃」的一年。雖然此前的N號房事件報導都被掩蓋，但進入三月後，國民和政府對網路性犯罪的態度卻發生令人振奮的轉變。大多數國民都認知到嚴重性，並不亞於現實中的性犯罪，這讓身為生活在這片土地上的女性倍感欣慰。有了解決該事件的希望固然興奮，但社會對受害者的過分關注也帶來沉重的負擔。我們寫這本書是不想放棄希望，用文字紀錄網路性犯罪的殘忍，是希望悲劇不再重複上演。

過去一年多裡，我們看到的網路性犯罪殘忍程度簡直難以用言語形容。我們擔心自己的影像被散佈到網路，不安無時無刻的籠罩我們。

那些跟我們見面的受害者也說，出門吃飯、走在路上，或跟朋友出去玩都會不安，擔心被認出；看到訊息通知時心臟也會漏跳一拍，擔心要是朋友看到我的照片怎麼辦？受害者都希望回到事件發生前，像從前一樣無憂無慮的生活。

每次去公廁，我們都會產生「萬一這個洞有針孔攝影機怎麼辦」的恐懼。「○○大學（火花就讀的大學）宿舍偷拍」出現在聊天室時，我們仍想盲目地相信「自己還沒遇到這種事」。但當看到與我們年紀相仿、被非法拍攝的受害者自殺的新聞時，我們意識到這種心存僥倖等同於一種暴力。最近看到那些「非法拍攝」和「網路性犯罪」的新聞時，會覺得媒體好像在同理受害者、表達出受害者的痛苦，但這些內容也像針一樣刺痛著某些人的心臟。

網路普及以來的二○○○年代，男性主導了網路文化[39]。不光是二○○○年初期的海螺網，隨後出現許多以男性為中心、上傳非法拍攝影片的網站。直到現在，年輕世代習於觀看的網路新聞，仍會用女藝人社群網站上的比基尼照來「寫新聞」，都是媒體為了賺取點閱率在物化女性。

在這個把剝削女性的性當作娛樂和賺錢手段的國家，身為女性，要想不遭受非法拍攝和網路性犯罪，以及嚴懲加害者，就要付出巨大努力。受害者必須親自證明自己是受害者，還必須站出來作證。自始至終，法律只會根據受害者的行動來判斷加害者的處罰程度。在韓國、在網路性犯罪裡，沒有受害者肯犧牲所有的生活來控訴自己的受害事實。

我們預估的網路性犯罪類型就超過一百種，光是有名稱的就有數位性剝削、熟人凌辱、

39《數位時代進化的性犯罪和法律制度應對方向》，第十七屆科學交流論壇「性犯罪的黑洞，診斷網路世界」，金裕香（國會立法調查處），二○二○．六．十二。

DeepFake、非法拍攝、網路跟蹤騷擾（Online Stalking）、網路性誘拐（Online Groming）[40]、網路性詐騙[41]等，這些駭人聽聞的罪行無時無刻都在發生。直到二〇二〇年，韓國才認知網路性犯罪也是「犯罪」，但政府和司法機關卻只在事件爆發當時，才組建「特別小組（臨時組織）」聲稱必須嚴懲。這種程度的努力根本無法杜絕網路性犯罪。除了警察廳內部的網路偵查隊，更迫切需要一個由中央指揮、專門調查網路性犯罪和虛擬空間犯罪的「常設組織」。

@博士被捕一週後的我們

二〇二〇年三月十七日，趙周彬被捕，包括博士房在內的「N號房」事件再次受到關注，距離《國民日報》從三月十日到十三日頭版連載「N號房追蹤記」，不到一週。

我們停留在去年七月的時間也因此再次開始流淌。逮捕趙周彬的第二天，《傳媒今日》便報導了我們的採訪內容。記者把我們介紹為最先追蹤報導和檢舉「Telegram N號房」的記者「追蹤團火花」。

當時N號房事件和散佈性剝削影像仍是現在進行式，所以我們一再向報導該事件的記者強調，

40 透過遊戲、聊天軟體、社群網站等網路空間，培養出朋友、兄姐等信賴關係，在心理上能支配受害者後，自然地要求受害者傳送性方面的影像等行為。一些案例短則幾小時，長則數年。網路性誘騙可視為網路性剝削的開端。

41 加害者透過網路聊天，錄製對方的不雅影片，並盜取受害者手機聯絡人等資訊，威脅受害者會把影片傳給朋友，誘導受害者見面發生性行為，或要求受害者傳送性剝削影像等。最常見的是勒索金錢。

必須遵守修正的性暴力報導準則[42]，遏止報導帶有性別歧視和刺激性內容。警方已經展開全面調查，所以我們帶著略為輕鬆的心情受訪。主要加害者落網，我們心想，這下可以相信媒體了。誰知媒體卻只把N號房事件當成八卦，甚至許多媒體使用「淫穢影片」、「脫序」等刺激性用語做「新聞標題生意」，吸引點閱。這些網路媒體盲目地抄報導節目（MBC《實事調查隊》、SBS《疑惑之事Y》、JTBC《李圭淵的聚光燈》）的內容。

世人並不知道趙周彬具體犯了哪些罪，更不知道為什麼新聞裡會出現「Telegram」、「博士」、「性剝削」、「門羅幣」等詞。短短幾天內，早前《韓民族日報》和《國民日報》的「博士房」和「N號房」系列報導又受到關注，透過系列報導了解到「博士」趙周彬利用Telegram威脅數十名女性，進而進行性剝削，並向數萬會員收取加密貨幣，交易性剝削影片和受害者個資等。那些早期不肯報導Telegram性剝削事件的媒體，卻在趙周彬落網後一改之前的態度。

媒體稱趙周彬為「惡魔」，大肆報導，甚至聚焦在同時落網的加害者家庭史、學業成績和未來夢想，分析這些人犯罪的原因。還有媒體把報導重點放在受害者的脫序帳號上，甚至稱如果受害者不先暴露身體，便不會遭遇這種事。這種報導等於是說受害者提供了加害者犯罪的動機。報導甚至表示，由於難以訪問到受害者，所以無法確定她們的立場。這些媒體等於在助長「受害者也有錯」的輿論。對此，負責監控媒體的市民團體「民主媒體市民同盟」發表緊急評論：「媒體應立刻停止赦免加害者，停止將責任轉嫁給受害者的報導。」並指出報導存在煽動性的問題。

在Telegram性剝削事件爆發時，大多數媒體因一開始沒有採訪，事後根本無法跟進報導「潛入犯罪現場」和「監察保護受害者對策」等社會所需的內容。或許有媒體會反駁，當主嫌落網後，國民都把注意力集中在趙周彬身上，只有先詳細報導他是怎樣的一個人，才能更進一步深入探討網路性犯罪。但我們認為，這些媒體缺乏的不是正確的報導角度，而是倫理意識。

我們在趙周彬落網的那個週末開設了YouTube頻道，希望盡量讓更多人了解事件嚴重性，並更正媒體的錯誤報導。我們上傳了第一支名為「最初報導Telegram N號房的記者糾正事實」的影片後，第二天便紛紛接到「希望採訪追蹤團火花」的邀請。我們有些猶豫，因為擔心在主嫌逮捕歸案、接受調查的情況下，出面受訪會分散媒體的注意力，影響案情偵辦。但轉念一想，身為目睹該事件的當事人，我們必須挺身而出。如果這次也不了了之，恐怕再也無法在韓國生活下去了。我們決定暫時擱置就業和留學計畫，耑中斷了打工和小組學習，火停掉了補習。我們決定盡量在各大媒體上發聲，因為民眾習慣接觸固定的媒體，只有盡量在不同媒體受訪，才能讓更多人知道嚴重性，以及該事件仍在進行的現實。

三月二十三日，星期一。結束兩家電視臺採訪後。回家路上，我們的心情很好。信箱塞滿邀訪

42 包括二〇〇六年由韓國女性民友會附屬性暴力諮商所制定之《性暴力報導指南》，以及二〇一八年，由韓國記者協會女性家族部訂定之《性暴力、性騷擾事件報導標準及實踐大綱》）

郵件，要做的事堆積如山，看到記者關注這起事件，我們感到很安心。最初，媒體都將 Telegram 發生的性犯罪稱為「N號房事件」。雖說標題加入「N號房」可以提高點閱率，但事實上是那些記者沒有分清N號房和博士房。

幸虧我們沒有刪除電腦裡的紀錄，但就算刪除這些紀錄，我們也能清楚記得、並整理出N號房是怎樣一個空間、什麼是「數位性剝削」、見過的受害者，以及從何時開始協助警方展開調查、做了哪些事。

我們既是目擊者，也是受害者。因為迫切想要解決這件事，所以總是處在清醒狀態，以至於腦中會不斷重播收集到的資料。因此當記者問：「加害者說過的這句話，妳們有資料嗎？」時，我們可以很快回答出：「這段對話是出於另一段脈絡，我們把資料傳給你。」我們的大腦就像擁有相簿功能般，那些截圖和討論照片的對話歷歷在目。在那黑暗的犯罪現場，原本停止的時間在陽光照射下，又重新開始流淌，我們的雙腿和心已經做好了衝刺的準備。

三月二十四日，星期二。包括電視臺和報社在內，我們共接受了六家媒體採訪。過去幾個月，我們一直提心吊膽，因為看不到媒體關注。如今引起了注意，不禁覺得幸好當初沒有輕言放棄。下午三點，我們在汝矣島接受KBS、MBC、CNN採訪，然後返回MBC又進行了一次採訪。到了吃飯時間還不能回家，只好在附近找了家麻辣燙。星期二最後的行程是《首爾新聞》的電訪和YTN《卞相煜的今夜有新聞》的電話連線。

我們狼吞虎嚥的吃完晚餐，在附近找了間自修室咖啡廳。煓負責直播節目的電話連線，火負責《首爾新聞》的電訪。事先拿到了訪綱，所以已經提前做好準備，沒遇到什麼難處。由於要直播連線，必須在安靜的地方接電話，所以煓在自修室的房間裡，火則跑到逃生梯間受訪。這是第一次做直播，大家都很緊張。

卞相煜主播問：「從去年七月開始追蹤N號房事件以來，妳們遇到了哪些難處，或曾收到難以接受的回應嗎？」煓突然掉下眼淚。她在解釋「N號房和博士房是不同類型的性剝削犯罪」時，回想起過去幾個月來我們的經歷，所以情緒激動起來。事實上，二〇一九年九月，在我們第一次報導N號房事件後，沒有收到任何回應。然後在七個月後的二〇二〇年三月，前輩記者向我們說，你們的報導不會引發二度傷害嗎？這樣做反而等於在幫N號房宣傳。但煓很快平復了情緒，淡定的回答了最後一個問題。

三月二十五日，星期三晚上。唉，早知如此，平時就該多做些運動，大概是體力透支了，昨天看到煓哭泣的火今天受訪時也哭了。火一流淚，煓也跟著哭，連採訪的製作人也在擦眼淚。場面何等尷尬，我們又哭又笑，指責對方沒骨氣，還藉口說是太累了。從星期三早上六點的CBS電訪，到下午一點的《中央日報》、三點的《中央日報》論說委員、三點半的《NEWS 1[43]》、四點半

43 南韓的民營通訊社。

的JTBC新聞局、六點的JTBC《聚光燈》、六點半的TBS直播電話連線、七點的《韓民族21》和九點的KBS，總共做了九個訪問。因為沒時間吃飯，《韓民族21》的記者特地把採訪地點安排在餐廳。那天，我們往返了漢江大橋許多次。

三月二十六日，星期四下午。今天我們的採訪邀約跟星期三差不多。下午三點，我們參加《國民日報》特別採訪組與火花的座談「N號房追蹤記：我們看到受害者的簡訊後哽咽了」。原以為主辦方只安排了採訪，當我們抵達現場，《國民日報》記者遞給我們一張印有精神科專家的名單。報社打算援助我們接受心理諮商，還特地整理出離我們住處最近的精神科名單。實在感激不盡，心裡一方面感到踏實，卻也心存顧慮，不知道這樣接受是否妥當。受訪時，火數度用紙遮住臉，哽咽地回答問題。記者體諒我們：「如果覺得太累，就休息一下。」原本預計一個小時的採訪，後來花了兩個多小時才結束。

三月二十六日星期四午夜。我們聯絡了《國民日報》的朴前輩：「前輩……我們明天可以去醫院嗎？」

隔天，朴前輩帶著醫藥費來到我們與YTN的採訪地點。雖然決定得十分突然，但前輩說已經找到願意為我們進行心理諮商的醫生。我們還聯絡了江原警察廳，決定接受人身保護。我們馬不停蹄地受訪，但這一週，卻抹不去一切才剛開始的感覺。

@幫受害者重返日常

「藉助公共媒體的力量，讓我們盡量報導能實際幫助到受害者的新聞吧。」

進入四月國會議員選舉前，我們與KBS合作了為期三週的計畫。我們見到了受害者K，聆聽關於她的故事。K肯答應與我們見面，可說是奇蹟，因為一些媒體雖然沒有公開受害者的姓名，但曾不止一次地詳細報導了受害者的具體資訊，以至於受害者身邊的人可以猜測出她們的真實身分。正因為受害者肯先與我們見面，所以更加不能辜負她的信任。

「您只要回答能回答的問題就可以了。」為了減輕K的負擔，我們如此保證。她從我們準備的二十個問題裡選出十幾個問題進行回答。令「追蹤團火花」羞愧的是，當天才真正搞清楚博士趙周彬威脅和折磨受害者的手段。這是連媒體也無法得知的具體內容，所以沒有人真正了解受害者為什麼會遭遇這些事。聆聽K的證詞，我們感受到切膚之痛，不寒而慄，淚水不停在眼眶打轉。K說：

「受害者的痛苦不是用一句簡單的『性剝削』可以表達的。」

採訪結束的幾天後，ＫＢＳ記者傳來好消息。看到節目的警察主動聯絡電視臺，表示願意幫助受害者。我們迫切地希望可以幫助更多受害者重返日常。以下是我們與ＫＢＳ合作採訪並報導的部分內容：

希望快點輪到自己，好結束這一切——「博士房」受害者經歷的地獄

■這不是單純的「剝削」，而是像要置我於死地的恐懼

去年十二月的某一天，Ｋ在推特上看到一篇「高薪兼職」的推文。出於好奇，Ｋ按照聯絡方式加了Telegram的ＩＤ。與Ｋ取得聯繫的男性傳來大把現金和存摺的照片，誘騙Ｋ與另一名男性「配對」。與Ｋ「配對」的另一名男性開始要求Ｋ傳照片。

「他要我傳十張露臉的照片，我心想反正只是照片，就傳給他了，對方又要求『拍一張手的照片』。就這樣，要求越來越多。對話進行了一個小時左右，對方開始提出更過分的要求——拍張裸照。我拒絕了，他便威脅我，如果我不傳，就把我的照片都上傳到推特。」

不僅威脅，該男子還恐嚇稱Ｋ敲詐了自己。他謊稱自己已經把錢匯給那個聊天室的仲介，但聊天室突然消失不見了，他懷疑是Ｋ與仲介串通敲詐自己。

「他說：『妳也是共犯吧，找死是不是？』然後把我的照片又回傳給我，不停傳辱罵和恐嚇的

訊息，如果我未讀，他就開始罵髒話，說要『立即回覆』、『不許做別的事』。我覺得有什麼事發生了……他還在我的照片上亂寫亂畫，回傳給我。」

這個人最後還要求K上傳身分證照片，聲稱要想證明自己不是共犯，就拿出能讓他相信的證據，並且提出具體的要求。

「他要求我（拍攝影片時）要提到『朴社長』。一分鐘內要拍攝一個特定的姿勢，然後對著鏡頭說『朴社長，我錯了』。他把臺詞都寫好了。」

這個人還提出了見面的要求。

「他要我搭計程車到首爾〇〇路，說會派員工跟我談和解，還說如果我不是共犯，就該拿出誠意來。我拒絕他，他先笑著說『那我就把妳所有照片都傳上去』，然後破口大罵『妳等死吧，瘋××』說完就掛斷電話。」

K決定隔天一早去報警，當天整個晚上都在網路搜尋自己的照片，最後在Telegram聊天室裡找到自己的照片。聊天室的名字分別是「博士資料庫」和「博士樣品分享房」。

「那個人已經上傳了我的照片……聊天室會顯示有多少會員，那個聊天室有兩千六百人。他們還給我們這些受害者取綽號，比如『〇〇女』，他們也給我取了那種綽號。」

從最初透過推特與該男子聯絡，再到對方掛上電話，K一直身陷恐懼，短短三小時裡，每分每秒都會收到辱罵和恐嚇。更令K不安的是，自己在那三小時裡拍的照片，一年後還在到處流傳，而且不知何時才會消失。向採訪組講解受害過程的K，還表露了對Telegram相關報導的不滿，她認為不能單純用「剝削」來形容受害者的遭遇。

「那不是剝削，那是要置我於死地……像是知道我住哪裡……但這些完全沒人講（報導出來）。人們看到『高薪兼職』這個詞，就覺得受害者也有問題。最初的確是這樣，我也覺得自己很傻。但說實話，那些打工人力網站也有很多地方在找『酒吧兼職』，我一開始以為只是那樣的工作而已。」

■最痛苦的是看到心存僥倖的自己，希望快點輪到自己，好結束這一切

K最痛苦的不是看到聊天室裡有自己的照片和受威脅，而是報警後，仍擔心自己的照片繼續出現在「博士資料庫」和「博士樣品分享房」，只能偽裝成一般使用者留在那些聊天室裡。

「有一天，聊天室管理者說：『今晚天氣這麼好，不如我們來投票吧？』然後打出我和其他三名受害者的名字，他的意思是要在四個人裡選出票數最多的，公開她的個資。我是第二名，而我竟然鬆了口氣……」

K看到其他受害者個資被公開，自己反而鬆了口氣。這種無力、只能袖手旁觀的狀況，最令她痛苦。

「聊天室頭像原本是我的照片，看到換成別人的照片，我也鬆了口氣。照片換成比我年紀還小

的女孩，但我沒有怨恨那些聊天室裡的人，反而心存僥倖，卻又希望快點輪到自己，好結束這一切。」

K還提到，博士房的管理者是有組織的在對受害者進行性剝削。

「有人上傳了車震的照片，可能就是他本人。那個人上傳照片後炫耀：『博士送我的，我連小孩都×過』、『你們也都跟博士好好表現吧』。聊天室裡自稱是博士員工的人至少有四、五名。還有人說『我這個月賺了多少薪水』。」

最初威脅K的男性很有可能也是「博士」趙周彬的員工。雖然K拒絕了該「員工」提出在首爾某處見面的要求，但K痛苦地指出，很多女生因為無法抵抗威脅，赴約後遭受了性暴力。

■就像天氣時晴時雨，希望大家都能撐下去

K正在慢慢恢復正常生活，但提到當時經歷的事還是會痛苦落淚。K之所以鼓起勇氣，向採訪組述說受害事實和自己的想法，是想知道其他受害女性是否安好。K最後向受害者傳達了自己想說的話，她希望大家不要放棄，一定要堅持到底。

「某天醒來後，我呆坐在客廳地板上放空。那天的陽光格外溫暖，但眼淚突然奪眶而出，我哭了很久。那是一種久違的重見天日的感覺，彷彿切身感受到『啊，我還活著……』。說實話，我對未來會有什麼改變、會抓住多少罪犯並沒太大期待。事到如今，我已經不抱希望可以徹底刪除那

些散佈在網路上的資料了。每當我忘得差不多時，又會看到有人上傳，其他網站一定也有。儘管如此，我還是要活下去，所以……希望大家都能撐下去。我每天也很痛苦，但就像天氣有晴有雨，希望大家要堅持到底。」

KBS NEWS，金知淑記者&追蹤團火花

二〇二〇年四月十九日，新聞摘錄

@日常的性犯罪

與KBS合作期間，見到了「熟人凌辱」的受害者崔某。我們透過社群網站聯絡她，表示希望在媒體上公開該事件。當時，崔某正遭受熟人凌辱的痛苦。這是以網路為基礎的性犯罪，多數情況下，調查機關無法逮捕到加害者。即使受害者知道加害者就是身邊的朋友，也難以抓到本人，更令她們恐懼的是，隨時隨地都可能二度傷害。

我們必須謹慎安排見面場所，首先排除那些可以推測出崔某身分的地點。由於無法配合拍攝組的採訪時間，也不能把她請到汝矣島的KBS攝影棚。為了趕在九點新聞播出這段採訪，我們分秒必爭，最後在彼此居住地的中間點見面。為了讓受害者安心受訪，我們選在幽靜的室外，並把地址傳給KBS記者。

崔某有條不紊的受訪。結束後，我們互相擁抱了一下，很遺憾沒能多說一句安慰的話，返回KBS攝影棚的路上，我們想起崔某冰冷的手，要是能請她吃一頓熱騰騰的飯該有多好。

雖然順利結束採訪，但在九點新聞播出的兩小時前，發生了無法播出的危機。崔某加入的熟人凌辱受害者團體來電，表示擔心崔某的採訪播出後會引發二度傷害，以及表達了崔某個人無法代表所有受害者的擔憂。我們也明確表示會支持受害者的選擇，採訪播出後也會持續關注此事。崔某和該團體的受害者也意識到在網路性犯罪中，熟人凌辱難以受到輿論關注，最後還是同意播出。即使冒著二度傷害的風險還是同意播出，受害者只有一個願望，就是不要讓大眾認為受害者也有問題，並抓住所有加害者。大家都迫切希望早日重返日常。

為了讓受害者崔某得到國家的援助，我們也在持續努力中。

@受害者就在身邊

每當面對網路性犯罪事件的真相時，難過、憤怒和失落便會席捲我們。媒體把數百種類型的網路性犯罪單純歸類成「N號房」和「博士房」，那些沒有受到關注的受害者因此難以得到任何援助。不僅如此，受害者還會責怪自己。我們應該體認到嚴重性，具備能夠聆聽各種訴求的姿態，只有這樣，才能以民主的方式「保護受害者」。

我們見到的受害者各自懷抱不同的痛苦。說來慚愧，其實我們也沒有真正理解她們為什麼會遭遇這些。面對受害者時，我們所有的刻板觀念會瞬間被顛覆，即使不是當事人，我們也努力站在受害者的立場提出問題。因為我們認為這是對於他人的基本禮儀，也是身為訪者應該具備的態度。

一直以來，韓國社會只會提出「問題的根源來自受害者」的問題：「為什麼那麼晚還在外面閒晃？」、「為什麼穿那麼短的裙子？」世人還會用這些話封住受害者的口：「遇到那種事還笑得出來，還好意思站出來指證？」、「要是我，這輩子都羞愧得不敢說一句話。」、「有證據嗎？她是狐狸精吧？」

我們應該同理受害者、不該用受害事實來判斷她的人生，而是尊重她的整個人生。我們會陪伴這些性犯罪受害者走上證人席，希望這條路上也能有大家同行。

發生在網路空間的犯罪層出不窮，受害者和加害者的年齡層也越來越低，我們有必要了解網路性犯罪的型態。以下介紹幾種持續在韓國社會發生的網路性犯罪。

①N號房的前兆，阿〇

二〇二〇年四月初，JTBC記者來電：「JTBC從二〇一八年開始追蹤非法拍攝影像流通的管道，沒想到一年後的二〇一九年爆發了妳們追蹤的N號房事件。我們很想跟妳們見一面。」四月的某一天，我們在咖啡廳見了面。

二〇一八年七月，JTBC調查報導小組「TRGR」開始追蹤「非法拍攝影像」的流通管道，隨後在一個名為「阿〇」的人氣隨機聊天軟體上發現性犯罪事件。記者下載、安裝該軟體後，偽裝成未成年人進行聊天，很快便收到接連不斷的淫穢訊息。成年男性根本不介意對方是未成年，反而不停說著性騷擾的話。很多男性開門見山的提出性要求，也有先利用對話培養親密感的人。JTBC記者偽裝成十代少女與對方通電話，該男性使用了典型的「性誘拐」手法，其典型問候語有：「妳幾歲了？」「今天過得好嗎？」「跟男友的身體接觸到哪裡了？」

性誘拐犯罪常以兒童及青少年為對象。加害者利用在網路上建立的親密感，把受害者誘騙到現實空間並試圖進行強暴、性交易等犯罪。加害者會非法拍攝、外洩聊天內容，甚至恐嚇對方會告知父母。

二〇一八年夏天，JTBC採訪組目擊到Telegram上有流通販賣在阿〇製作的非法拍攝影片。記者鎖定加害者，並向警方報案。這等於是在N號房事件發生前，就已經向調查機關檢舉了「未成年性剝削」犯罪。但當時警察廳網路偵查隊尚未設立調查性犯罪的專案小組，即使記者把Telegram性剝削交易的帳號整理出來提供給警方，最後也只抓到了十幾個人中的一個。調查機構在展開調查前就先斷定「抓不到人」，根本沒有展開有效調查。記者回憶，當時的警察只會反覆強調：「抓不到Telegram上的罪犯。」

② 逃離加害一年後，心理陰影仍在

二〇一九年八月，我們在追蹤「熟人凌辱」犯罪時，看到Telegram聊天室傳出的惡耗。

「各位，聽說那個女的死了。」

「誰啊？反正跟我沒關係，科科。」

「假的吧？從來沒聽說誰（因為性剝削）死的。」

受害者往生的消息以社群網站為中心，傳遍高談房和各聊天室，加害者討論著消息是否屬實。七個月後的二〇二〇年三月，我們決定調查受害者死亡事件的始末。

先說結論，當時受害者是偽裝成自殺的。據受害者稱，是自己拜託譴責性剝削問題帳號的經營者發佈自己自殺的消息。雖然受害者本人知道這個方法有欠倫理，但別無選擇。當時社會對「脫序帳號」的看法比現在更苛刻，受害者很難找到能幫助自己脫困的人。偽裝自殺的消息傳出後，加害者的恐嚇才停止，但受害者的心理陰影仍在繼續。

受害者稱：「雖然這件事已經過去一年了，卻無法告訴家人和朋友。」每天都會在社群網站和Google搜尋自己的名字和學校，還會時不時的流淚。我們婉言相勸，希望她去接受心理諮商。

「我要上大學，讀書壓力很大，很難抽出時間去看心理醫生。」

我們無言以對。但後來聽說，受害者接受了電話心理諮商。我們問她是否有幫助，她說諮商師只是一再勸自己去報警。由於自己也不知道該怎麼做才好，就中斷了諮商。我們認為必須接受面對面的心理諮商，才能提供階段性、實質性的幫助，但對受害者而言，連接受心理諮商都成了遙不可及的事。受害者應該說出受害事實，尋求幫助，但未成年人的恐懼遠比我們想像得更嚴重。很多受害者擔心如果報警，父母也會知情，擔心警察會找到學校。但受害者不清楚的是，即使檢舉網路性犯罪的人是未成年，警方也不需要告知監護人。話筒另一頭的受害者哭著說，自己想忘掉這段時間發生的所有事。「謝謝妳們肯聆聽我的遭遇……」

此時此刻，有多少獨自在恐懼中瑟瑟發抖的受害者呢？性犯罪不是一個人的抗爭，這是需要社會解決的問題。希望受害者能明白，大家的身邊有很多不計較、不追問的人肯伸出援手。

@團結的開始

二〇二〇年四月，我們參加了政府首爾廳舍國務調整室主辦的會議，講解Telegram的犯罪現況，強調加設援助受害者常設部門的必要性。幾天前，我們參加了女性家族部的工作會議，因此掌握了國家應從哪些方面援助網路性犯罪受害者。面對N號房、博士房、熟人凌辱和非法拍攝等各種網路性犯罪，我們需要建立援助受害者的一條龍體系。

受害者申請法律援助時，必須反覆陳述自己的心理陰影和受害事實，很多受害者表示，在尚未掌握如何處理這些傷痛前就已經力不從心了。受害者前往調查機關接受調查本身就是一件很困難的事，所以很多人放棄接受心理諮商和法律援助的權利。如果政府能建立一條龍的援助體系，就可以委任協助者代替受害者陳述受害事實。若整合各機關正在施行的援助方式，也會對保護受害者很有幫助。

國務調整室、韓國女性人權振興院、韓國青少年性教育組織（Tacteen Naeil）、刑事政策研究院、Telegram性剝削共同對策委員會和資訊保護研究所等機關的工作人員和專家，也出席前述會議。會議從下午兩點開始，眾人針對「數位時代的資訊偏差」和「性犯罪認知能力的水準差異」進行討論。令與會者感同身受的是，上一代人明顯對網路性犯罪的認知不足。有些人還為在N號房事件發生前，沒有意識到嚴重性而做出反省。

尤為我們振奮的是，這些問題意識終於傳達到了國務調整室，彷彿過去所經歷的幻滅和挫敗得到了彌補。會議結束後，大家到咖啡廳討論了其他事情，Telegram性剝削共同對策委員會的律師建議我們去見一位社運人士，表示社運家對我們相當好奇。

我們曾在一週內見過三、四次警察和記者，卻從沒見過社運人士，內心充滿期待。我們立刻搭計程車趕往韓國性暴力諮商所，見到了金惠貞副所長。上週末我們已經把開庭所需的相關資料加密後傳給她，首次見面後，金惠貞副所長熱情地接待我們，能與這位在現場打拚數十年的社運人士見面，我們感到非常踏實。日後回想起那天的會面，才感覺她想見我們，其實是想確認我們是否安好，並給予安慰。見面時那句：「妳們都還好嗎？」始終溫暖地留在我們心裡。

三月底，警方表示遭受趙周彬性剝削的受害者多達七十四人（未成年十六人）。令金副所長驚訝的是，在受害者身分尚未確定的情況下，這七十四人的數字是如何統計的。當時，警方沒有明確公佈估算受害者人數的方法，而且有部分受害者無法確定加害自己的人就是趙周彬，使得在為受害者辯護時遇到了極大困難。受害者的證詞對加害者的量刑和解決案件，都有著關鍵影響。但這次的性剝削事件很難確認受害者的身分，甚至被稱為「沒有受害者的事件」（三月三十一日，警方表示在七十四名受害者中，確認了二十多名受害者的身分）。

我們相當認同副所長苦惱的問題。每次報導該事件時，我們也很擔心二度傷害。在敦促嚴懲加害者的同時，也有必要制定保護受害者的報導標準。我們也向副所長道出遇到的困難，包括難以徹底阻止二度傷害，而且無法持續去聯絡每一位受害者。

副所長表示，我們已經充分扮演了幫助受害者尋求對策的引導者角色，受害者在這樣的幫助下會產生自己的判斷，是要報警、尋求法律援助、心理諮商，還是選擇自己的解決方案。

告辭前，我們拿了幾張書櫃上的明信片和貼紙，把寫有「我們是性暴力的監控者」貼紙貼在手機背面。我們牢記那天副所長的話：「受害者會因相信社運人士的能力而採取行動。」她還把主動向受害者提供幫助的我們稱為「外展工作[44]」。我們覺得這個詞非常符合我們的特性，那天以後，我們便用「外展社工（Outreacher）」取代了「記者（Journalist）」來介紹火花。

44 Outreach，通常以青少年為主要對象，是一種初探性的方法與手段，主動尋找可能需協助的青少年，在「去機構」的情境下建立關係，進而協助面對遭遇的困難。

@妳們也成了「這邊」的人

ＫＢＳ為了主題為「這不是你的錯──『火花』傳遞的聲音」節目，採訪了京畿大學犯罪心理學系教授李秀靜。上午十點，我們在新村某自修室咖啡廳見到李教授，向李教授提出了三個問題：

一、您如何看待N號房事件？

二、您對ＫＢＳ分析「高談房」十五萬條訊息的結果有何看法？

三、今後韓國社會需要解決的課題？

一小時的採訪結束後，我們和李教授一起等電梯，她對我們講的話令人印象深刻：「妳們的勇氣可嘉，如今追蹤團火花也成了『這邊』的人。」

由於ＫＢＳ把節目重點集中在受害者身上，所以沒能播出李教授的採訪。以下是未播出的部分內容：

■您如何看待加害者的加害心理呢？

現在不僅是成年人，就連兒童的性也能用錢交易，比起成人色情片，對難以入手的未成年性剝削影片更感興趣。因此，以年幼兒童為對象的性剝削影片才會被那些人視為刺激的影片。出於稀有性，加害者才不惜支付金錢。我們應該思考，為什麼韓國社會會出現這種思維方式。雖然表面來看是加害者個人的問題，但我覺得整個社會都必須審慎思考。

參照國外對兒童性剝削影像嚴懲的案例，韓國也到了該做出選擇的時刻。這些孩子正在遭受威脅，我們是要繼續以鬆懈的態度看待，還是像國外一樣進行嚴懲呢？

■您提到了國外案例，現在美國、澳洲和英國等國家針對未成年網路性犯罪採取了釣魚執法[45]，但在韓國還是有很多人反對這種方式。您有什麼看法？

我認為現在人們對釣魚執法的認知還停留在八、九〇年代，科技已經飛速發生變化，上一代仍把釣魚執法視為「監控」，是「挖陷阱給無辜的人跳、違反人權的行為」。但我們應該思考的根本問題是：人權只有一種單一價值嗎？是否存在能保障所有人人權的社會呢？

45 Entrapment，又稱倒鉤（執法）或執法圈套，指執法部門刻意隱藏身份，引誘對象做出違法行為，而後進行抓捕。目前韓國只在緝毒法中允許使用釣魚執法。

每個人都期盼安全，但只有先讓孩子安全，我們才有未來。雖然站在成人立場來看會覺得侵害人權，但比起成年人的人權，更應該優先保護兒童及青少年的人權。兒童釣魚執法是偽裝成兒童，找出那些誘引孩子的人。有人會問：「警察為什麼要偽裝成孩子？」理由就在於兒童的法律權益優先於成年人，無論如何都要保護孩子，阻止誘引兒童的犯罪，才是國家的優先順序。

韓國社會必須做出選擇——要先保護誰？我們必須防止因違法調查發生的侵犯人權，並保護所有人的人權，但這顯然不可能。所以在諸多困難裡，必須把法律權益放在首位，控制引誘兒童及青少年的一切行為。

我要明確指出，這並不是指要利用調查權監控所有一般人，而是找出那些引誘孩子的人。換句話說，是要處罰那些試圖把兒童當作性工具、進行剝削的人。如果目的明確了，就沒有理由反對偽裝成孩子在虛擬或現實空間展開調查了。當孩子表明自己未成年的瞬間，就不該做出侵犯兒童人權的行為，明知對方是兒童還企圖接近，無疑就是違法。

■網路性犯罪在轉向兒童前，二、三十代的女性就已經暴露在網路性犯罪風險下。針對網路受害者的年齡層逐漸下降，專家指出這種趨勢是因為沒有嚴懲網路性犯罪所致。事實上，大法院量刑委員會並沒有針對網路性犯罪設定量刑標準，因此法官減刑的要素也各不相同。量刑委員會若要針對這起事件重新設定量刑標準，您認為應該優先考慮哪些因素呢？

量刑委員會在制定標準時，應以現行法律為依據，參考各種判例，做出實質研究並統計結果。由於普通法院既不能過於嚴懲，也不能從寬處理，必須找出實質的量刑因素，判斷處罰應達到某種程度後，再設定標準。

事實上，現在量刑委員會也在思考，因為判決過於寬宏大量，法官很可能沒有意識到事件本質的嚴重性，才會做出這樣的判決。但我覺得透過這起事件，社會氛圍會發生很大的改變。量刑委員會應該了解，既有的罪名裡並不包含這起犯罪的特殊性。比如，製作兒童性剝削影像，以兒童為對象製作非法拍攝影像的罪名，是歸屬在性保護法裡的。以什麼罪名起訴罪犯，也應反應在量刑標準中。

事實上，現行法律的罪名和量刑標準存在很多問題。比如，現在博士房最大的問題是那些花錢升成最高等級會員的行為。還有那些雖然沒有持有、卻利用串流媒體觀看影片的人，難道這些人是無辜的嗎？卻難以用持有非法拍攝影像的罪名起訴這些人。能否將新型犯罪納入量刑標準，是我們的一大課題。

■國會議員選舉在即，很多人認為應召開「One Point 國會[46]」，盡快制定網路性犯罪的相關

46 針對目前目前急需討論、通過的法案召開的國會會議。

法律，您認為呢？

首先，現在要做的是正確傳達受害內容，掌握實際情況。因Burning Sun事件[47]，警察受到前所未有的譴責。Burning Sun是在現實空間交易女性的性，N號房則是把未成年性剝削影片放在虛擬空間交易。虛擬和現實存在差異，但從韓國社會對兒童及青少年的人權，以及性自主權的侵害程度來看，兩起事件的本質是相同的。Burning Sun事件中所謂的「用戶」並沒有遭到逮捕，N號房至少利用掌握的個資抓到了部分共犯，多少喚起了大眾的醒悟。

如果這種趨勢一直發展下去，媒體必須持續報導性剝削現況，民眾也應該關注。無人關心的話，事件就會蒸發掉。不是已經有政客提出陰謀論了？根本是無稽之談。這不是陰謀論，是現在進行式，是實際存在的問題。

■您有什麼想對受害者講的話？

現在虛擬空間性犯罪最可怕的問題是，不斷有受害者出現，這種犯罪很可能不會結束，因此受害者需要克服很多困難。政府機關必須透過各種制度援助受害者，受害者也必須更堅定意志。人是會不斷成長的，並不會因為某一個時間點或年齡犯的錯而停止成長。我們隨著年齡增長會變得更加成熟，沒必要總是回首過去的失誤來責怪自己。

這種犯罪是社會現象，是所有人的共業，也是成年人的疏忽導致兒童及青少年遭受如此可怕的傷害，絕對沒有必要獨自悲觀。該自責的是成年人。希望受害者不要獨自煩惱，請大家團結起來，無論如何都要克服困難，千萬不要悲觀地把這件事當成個人的問題。

■您有什麼想對追蹤團火花講的話嗎？

以長期在現場做研究的角度，光是進行調查，身心也會極度衰弱。今後妳們也要透過各種嘗試克服困難，才能堅續下去。如果妳們的身心健康受到損害，到了找不出任何受害者的地步，整個社會都會蒙受損失。我認為妳們面臨的課題是，必須好好保護自己的人身安全。帶著問題意識持續關注這起事件，扮演好不斷進行調查、找出問題、檢舉問題的角色，直到社會出現可觀的變化為止。不僅是上一代，也希望妳們能持續把這種社會弊病加劇的現象告訴年輕世代。

47 又稱勝利夜店事件，二〇一九年被揭發的韓國娛樂圈性犯罪事件。事件涉及藝人、政府官員和警察。

@別要求受害者「像個受害者」

直到國中，我一直以為男女間的性器只要碰在一起就會懷孕。之所以會這樣想，是因為從小沒有接受正規的性教育。我覺得在韓國，「性」是一件不能宣之於口的事。正因社會不允許女性表達性慾，才會在黑暗的角落發生很多事，選擇在社群網站表達自己的性慾，是這些人的錯嗎？應該被視為不好的行為嗎？

青少年表達自我，渴望得到關心，是很自然的現象。利用青少年這種心理來賺錢的行為才是錯誤的。但還是有很多人用高道德標準指責這些受害者，聲稱她們開脫序帳號、找包養打工，才提供了犯罪動機。

在這裡我們要提出一個問題：假如走在路上被一個騎機車的人搶了包包，請問你會怎麼辦？一般人都會回答「報警」。你來到警察局，毫不猶豫地說：「我的包包被搶了！」此時如果警察對你說：「是喔，那你要看好自己的包包啊。」警察可以這樣把責任轉嫁給你嗎？當然不可以。

這很明顯是搶劫犯的錯。但對於性犯罪受害者，社會的態度尤其嚴格。即便報了警，警察也會追究受害者的責任：「是妳先上傳照片的吧？」、「妳知道這種行為也是犯罪嗎？」

據一位律師透露，開設脫序帳號的青少年很可能會觸犯兒童青少年法（兒童青少年性保護相關法律）或訊息通訊法（推動使用訊息通訊網及訊息保護等相關法律），而受到處罰。若以此為根據認為受害者提供了犯罪動機，才遭受痛苦的說法如果正確，那法律存在的意義又是為何？

受害者的行為是否符合常理並不重要，重要的是發生了受害事實。對於性犯罪，只保護「具備完美資格的受害者」，如果沒通過言行舉止的考核，就指責、懷疑她們，這種認知是錯誤的。正因這種想法，性犯罪受害者才不敢站出來。沒有人是理所當然的受害者。但不管我們怎麼說明，始終有人無法理解這一點。既然無法理解（不願理解），那就請牢記下來吧。

@沒有人活該成為受害者

在轉換認知的同時，持續關注也很重要。二〇二〇年三月，N號房持續兩週成為輿論焦點，相關報導多達一萬兩千件。但到了六月，相關報導減少至一千多件，大部分也只是輕描淡寫的提到「N號房主嫌落網」，隨著民眾的關心逐漸淡去，新聞也隨之減少。每當這時，我們都很不安，害怕不能兌現對受害者的承諾。在這裡公開部分我們在四月與受害者見面時的談話內容：

得知博士被捕的消息，我開心極了，覺得這一切終於可以結束了。啊，從今往後可以安心地吃飯、睡覺、跟朋友見面了。我心想，既然抓到人了，那些資料一定也會刪掉吧。

但並非如此。博士落網後的一、兩個月很安靜，但不出三個月，那些人一定還會開設新的房間，然後變本加厲。不管怎樣，他們會繼續在背地裡做那些事。我好怕六個月、一年、兩年後，到那時人們不再關心這件事了，然後在某個瞬間，那些資料會散佈到更多地方。

MeToo、校園 MeToo、Burning Sun 等性犯罪事件，正在從我們的記憶裡消失。只有持續關注，才能預防這些犯罪，才能讓加害者受到應有的懲罰。

在推特上展開活動的 eNd[48] 和 D[49] 等市民持續旁聽法院對 Telegram 加害者的判決，他們關注此事的方式各不相同，有人會高舉標語直接對法院施壓，有的人則會整理出旁聽內容，阻止法官做出輕判。只有持續關心，國會和司法部門才會顧及民眾的想法，制定相應的法律，做出相應的處罰。

48 推特帳號 @nbun_out，要求嚴處N號房性剝削加害者的示威小組。
49 推特帳號 @D_T_Monitoring，團結弱勢群體、監督法院判決的社運人士。

@真的幫助到受害者了嗎？

N號房事件浮出水面後，各地出現援助受害者的活動，但一經報導後，隨之而來的卻是嚴重的二度傷害。檢方表示，在N號房受害者中「將向受害五週以上的受害者，每年提供一千五百萬元，共計五千萬元的醫療費。不滿五週的受害者，也將提供相應的治療費。」對此，媒體紛紛以「N號房受害者最多可獲五千萬補償」為標題大肆報導。網友罵聲四起：「這些人又不是單純的受害者，為什麼要援助？」、「過分優待」，甚至有人到青瓦臺國民請願網站提出「不應援助受害者」。受害者因此變得更加沉默了。

大韓民國憲法第三十條明文規定：「因他人的犯罪行為遭受生命、身體傷害的國民，可根據法律規定獲得國家救助。」這項內容不僅適用於N號房受害者，也適用於其他犯罪受害者。況且，不是所有N號房受害者都能獲得五千萬援助，只有符合具體條件要求的受害者才能獲得。我們見過的受害者中，沒有一個人能獲得國家充分的援助，因為若想得到援助，就要到各機關陳述受害事實。

三月底，我們每天平均接受九次採訪，僅以目擊者身分接受採訪、提供證詞就已經很痛苦了，那些事件當事人要不斷重複說明和證明自己的受害事實有多殘忍，可想而知。

最重要的是，受害者希望得到的不是金錢援助，而是徹底刪除影片。但刪除影片和調查的支援仍然不足。二〇二〇年七月，女性家族部宣佈將投入八億七千五百萬元，強化網路性犯罪受害者的援助中心功能。該中心還將啟動事前對兒童及青少年非法拍攝影像的監控，以及二十四小時諮商服務。早前該中心的主要工作是刪除散佈的性剝削影片，如今又新增了積極預防犯罪和事後管理等工作。

N號房和博士房事件受到關注，受害者因此得到各種援助，但遭受其他類型網路性犯罪的受害者，卻很難獲得相應的援助。熟人凌辱的受害者一直深陷在連朋友也無法相信的不安中，對這種犯罪的處罰卻輕之又輕。有些網路性犯罪連調查機關也無法破獲，所以根本沒有受到處罰。調查和司法機關應該整理出網路性犯罪類型，採取應對措施。

政府雖宣稱將大力援助此次Telegram性剝削的受害者，但尚未制定出特別的政策。舉一個「法律援助」的例子，性犯罪受害者可以透過女性家族部獲得律師費援助。一審律師費約一百二十萬元，平均每人可申請五百萬元援助金，想獲得更多援助金就要通過各種審核。問題是，網路性犯罪種類繁多，而且存在多名共犯，加上多數人會同時接受審判，罪名也五花八門，如勒索、強迫、強暴、強制猥褻、違反保護個資法等。

法律救助金的年支付規模也存在問題[50]。據韓國性暴力諮商所金惠貞副所長透露，執行女性家族部法律救助基金的四個機關中，很多諮商所會向韓國性暴力危機中心申請基金。但該中心在二〇二〇年六月就已經拿不出錢了，如果基金比往年消耗得快，政府應該找出原因並給予補充，但政府毫無動靜。性暴力受害者的律師費日益增加，法律援助基金卻嚴重短缺，甚至徹底中斷。

「犯罪收益」是能夠編入不足基金的最好財源。美國、加拿大和日本等國家會將詐騙等財物犯罪產生的犯罪收益——即沒收的款項——用於援助受害者，然而在韓國則把犯罪收益全數編入國庫。受害者即使在刑事訴訟證明受害事實，還是要打民事訴訟才能收回資金。

二〇〇六年，日本修正《組織犯罪處罰法》（與韓國犯罪收益限制法相同「第八條第三項，第十條第二項」），考慮到受害者直接提出賠償損失後，隨之而來的遭受報復、起訴費用、難以證明損失金額、洗錢及隱匿犯罪收益等問題，國家可在限制範圍內沒收和追徵犯罪收益（第十三條第三項）。值得我們關注的是，日本制定並執行了支付因犯罪受害等的恢復撫恤金相關法律，即，國家沒收和追徵的犯罪收益不歸入國家一般帳目，而是指定為「受害恢復撫恤金」，由檢察保管後分配給受害者[51]。

@原來我真的是GodGod受害者

四月，追蹤團火花的推特帳號收到一則訊息。

「我在二〇一八年遭受性剝削，因無法忍受威脅，無奈下選擇了逃避。雖然有向警方報案，但調查不了了之。現在站出來（重新調查）應該也無濟於事吧，我心想或許有用，所以想在這裡問一下……」

「你好，我們是追蹤團火花。感謝妳鼓起勇氣聯絡我們，請問妳有當時截圖的證據嗎？」

我們要先確認受害事實才能提供幫助，所以問她是否有證據。受害者B回覆：「對不起。在媒體關注N號房事件前，我只想忘記這件事，所以把那些資料都刪了。對不起。」受害者一再表示歉

50 出處：〈犯罪受害者援助金，十一、十二月領不到的理由〉，《Money Today》，方潤英，二〇一九．十．二十八。

51 出處：〈犯罪收益沒收制度現況和使用方案〉，片英吉，高麗大學，二〇一八。

意，但她沒有理由向我們道歉。我們很放心不下這位受害者。

我們心想，B如果向警方報過案，受理案件的警局可能會留有當時的資料，於是我們又問她，報案當時是否向警方提供證據，但對方沒有回覆。本來想再問她一次，又怕給她壓力，猶豫不決間就過了一個月。B主動聯絡了我們，說為了得到提供給警方的資料，提交了請願書。

一週後，B傳訊說收到了提供給警方的資料，其中包括二〇一八年報案當時提供的受害照片。我們看到照片非常驚訝，因為B的受害情況與屢次看到的GodGod作案手法幾乎一致。B說在看到媒體公開GodGod的作案手法後，雖然也懷疑自己就是GodGod的受害者，但無法肯定。畢竟在推特和Telegram等虛擬空間以女性為目標進行性犯罪的加害者，不止GodGod一人。

B想確認自己是不是GodGod的受害者，如果是，她希望陳述自己的受害事實，加重他的刑責。我們認為不光是作案手法，連作案時期也一致，所以B很可能就是GodGod的受害者。二〇二〇年五月中旬，GodGod落網後，我們打電話到審訊他的慶北警察廳，詢問B是否也在N號房受害者名單裡。但警方說這涉及個資問題，無法回覆我們。

我們向B說明情況後，建議她直接向警方報案。但因為之前有過報案不了了之的經驗，B不願再向一般警察局報案了，她打算直接向正在審訊GodGod的慶北警察廳報案。B向慶北警察廳報案的隔天，便告知我們確認了自己就是GodGod的受害者。

N號房事件付諸公論，警方稱會聯絡受害者採取必要保護措施，但初期調查已經結束一年了，

B不僅沒有得到心理諮商援助，什麼通知都沒有收到。

雖然晚了點，幸好警方把B列入受害者名單。一切再次令我們憤怒。B在二〇一八年遭受性剝削當時，已經向當地警局報案，警局卻以國外社群網站難以調查為由就結案。

B在事發後沒有獲得任何受害者應有的權利，獨自在痛苦中忍受了兩年。二〇二〇年五月，當所有媒體大張旗鼓地把焦點對準N號房事件，GodGod被捕後，受害者才獲得援助。B一再向我們表示感謝，但我們做的不過是打電話諮詢警方，建議她報案罷了。

受害者說：「比起補償，只希望刪除那些GodGod持有的影片。」

我們見到的受害者都只有一個希望，就是徹底銷毀那些影片。

@N號房防治法難以觸及的死角

二〇二〇年五月，第二十屆國會通過「N號房防治法」，內容如下：

■性暴力犯罪處罰特別法修正案

－對持有、購買、收藏及觀看非法拍攝影像者，可處三年以下有期徒刑，或三千萬元以下罰金。

－利用性剝削影像恐嚇、強迫他人者各處一年以上、三年以上有期徒刑。即使本人自拍身體，但未經本人同意散佈者也將處罰。

■刑法修正案

－與未成年人發生性行為者，無關未成年人同意與否，均視為擬制強暴罪，年齡上限從十三歲提高至十六歲。

－新設預備、陰謀罪，嚴懲準備、模擬進行集體強暴、強暴未成年人等重大性犯罪。

■犯罪收益隱匿限制及處罰等相關法律修正案

－放寬調查機關對於性剝削影像交易中，加害者、犯罪事實及個別犯罪和犯罪收益相關調查的舉證責任，促進回收犯罪收益。

■推動使用訊息通訊網及訊息保護等相關法律（訊息通訊網法）修正案

－賦予網站經營企業刪除網路性犯罪影像及阻止流通，技術、管理措施的義務。

但以上這些法案距離完全杜絕網路性犯罪還很遙遠。

在此，我們介紹一下應盡快通過的法案：

①跟蹤騷擾防治法

據二〇一八年KBS對三百八十一起殺人及殺人未遂事件調查的結果顯示，有三成女性在遇害前曾遭受跟蹤騷擾。

從此調查就可看出，防治跟蹤騷擾可以阻止人命受害[52]。在Telegram性剝削事件中，加害者也謀劃過集體到受害者學校進行強暴。以熟人凌辱來說，加害者散佈友人照片時，還公開了家庭和工作地址。只要有人圖謀不軌，就會對受害者進行跟蹤騷擾。

特別是經營「博士房」的趙周彬的共犯中，也有對受害者進行跟蹤騷擾的人。曾是替代役的A跟蹤騷擾自己的班導師B長達八年，A還恐嚇受害者：「從女兒到婆婆，我要妳親眼看著他們死。」、「韓國的法律很好，就算我殺了妳全家，只要鑑定為身心障礙，最多也只坐三年牢。」事實上，A主張自己有身心障礙，所以法院只判了他一年兩個月。比他預想的還要少了一年八個月。A出獄後，繼續完成替代役，並竊取受害者女兒的幼稚園地址，提供趙周彬四百萬韓元，雇用他殺害受害者的女兒。

一九九九年，跟蹤騷擾防治法首次被列入國會議程，最終沒有通過；二〇一八年，國會法制司法委員會表明立場稱：「跟蹤的行為類型多樣，難以區分單純的表達愛情和求愛，嚴重的跟蹤騷擾行為可根據刑法以暴行罪、恐嚇罪進行處罰，因此應慎重考慮相關立法。」但是「單純表達愛情和求愛」的主體是「加害者」，這只反映了加害者的立場。如果受害者因對方的行為感受到恐懼，那就是跟蹤騷擾，但多數國會議員還是從男性視角看待這種犯罪。

在英國、澳洲和美國等國家已經制定了「跟蹤騷擾防治法」，並對違反禁止接近命令在受害者周圍徘徊的人進行處罰。此外，調查機關還制定了清單來確認受害者是否感受到恐懼。以下是英國使用的跟蹤騷擾確認清單：

□你現在感受到巨大的恐懼嗎？
□之前曾被人跟蹤過嗎？
□沒有邀請跟蹤者，但對方在一週內上門三次？
□即使法院下達了禁制令，對方還是徘徊在周圍？
□跟蹤者是否對你進行過身體上的威脅，或性暴力威脅？
□跟蹤者是否掠奪、損壞過你的財產？
□跟蹤者是否利用第三者威脅過你？
□跟蹤者是否存在吸毒、酒精中毒或精神疾病？
□你之前也報過警嗎？

韓國可以參考以上內容來制定跟蹤騷擾的確認清單，且「網路騷擾」也應納入。比如，即使透過電話、簡訊和郵件等方法表明了拒絕意向，對方仍持續打來、或傳送性騷擾和激烈訊息等營造不

52 出處：《李秀靜和李多惠的犯罪電影檔案》，民音社。

安感的行為，也應明確規定為性犯罪。最重要的是，司法部門要理解遭遇跟蹤騷擾的受害者的「恐懼」。

② 性誘拐防治法

「Grooming」是「梳洗、適應」，源於馬夫groom為馬梳理毛髮、洗澡打理的意思。「性誘拐grooming」，則是指加害者在獲取受害者好感、建立深厚關係後，在心理上支配對方、進而進行性暴力的犯罪。這種犯罪的加害者會先選定受害者，累積好感，滿足受害者的欲求，然後漸漸孤立受害者，讓對方只依靠自己，進而發生性關係，最後演變成威脅對方進行性剝削的犯罪。

今年三月，我們透過一位未成年受害者C，詳細瞭解了性誘拐的手法。C因為經常轉學，沒機會交朋友，於是在隨機聊天軟體上認識了一個「哥哥」，彼此像朋友一樣相處了幾個月。這個哥哥向C表示願意聆聽她所有的心事，以此拉近了距離。幾個月後，這個哥哥開始向C索要身體部位的照片。C拒絕後，對方便表現得十分冷漠，表示再也不會理她了。C不想失去這個肯聆聽自己的哥哥，於是傳給對方一、兩張照片，過程中暴露了自己的長相和個資。又過了一段時間，這個人開始向C索要性方面的照片，並威脅C如果拒絕，就把之前的事告訴C身邊的人，利用了受害者害怕被父母和老師知道的心理。

以誘騙進行性暴力之所以嚴重，是因為這是一種以信賴為基礎的犯罪。很多經濟能力薄弱，或處在感情不穩定環境下的兒童及青少年才會受到傷害。兒童及青少年都希望得到他人的愛與認可，所以我們不能只追問孩子為什麼把照片傳給不認識的人。

在性誘拐過程中，很多受害者非但意識不到自己正在遭受虐待，有時還會覺得自己愛上了加害者。在受害者不知情的情況下，加害者會上傳受害影像或交易。大部分性剝削犯罪在對兒童及青少年進行性誘拐前，就該被以引誘、接近未成年的行為受處罰。如果制定關於虛擬空間的性誘拐犯罪相關法律，那麼不管是以性行為為目的的見面，還是進行性犯罪的行為都可以處罰了。

已經有英國、澳洲等六十三個國家施行了「網路性誘拐」處罰法（二〇一七年為準）。歐洲等國在二〇〇七年還簽署《歐洲理事會保護兒童免受性剝削與性虐待公約》，指出利用通訊技術對兒童提出性方面要求，即使沒有見面、只發生在網路上，也會對兒童造成嚴重傷害。

③網路性犯罪釣魚執法法制化

目前在韓國，青少年可與成年人對話的隨機聊天軟體超過兩百個。二〇一九年，女性家族部人員偽裝成青少年，在隨機聊天軟體上與兩千兩百三十人進行對話，結果顯示，即使工作人員向對方表明青少年的身分，仍有百分之七十六點四的人提出了以性行為為目的的見面要求。

我們親自下載安裝了聊天軟體，確認結果顯示，情況跟幾年前一樣。那些人還是會說：「十五歲好啊」、「妳是新的？（意指從未有過性經驗）」等。為了防止這種情況，最需要的就是「釣魚執法」。釣魚執法大致分為兩種，一種是單純提供犯罪機會的「提供機會型」，另一種是誘導沒有犯罪動機或犯罪意圖的人產生犯罪意圖的「誘導犯罪型」。

在韓國調查案件時，只允許使用提供機會型的方法。比如，警察假裝醉漢躺在街上故意露出錢包，或上傳假的委託殺人廣告，都是提供機會型的方法；誘導犯罪型則是警察故意把手機掉在地上，看到有人撿起並打算送往郵局或派出所時，上前說服對方不如拿去賣掉。問題在於，現實發生的犯罪並不像舉例這麼單純。犯罪手法不斷在進化。也就是說，僅憑有侷限的「提供機會型」方法，很難應對新型犯罪手法，因此難以將罪犯逮捕歸案。[53]

很多國家已經允許利用釣魚執法調查網路性犯罪，在韓國仍然存在很大爭議。很多人認為利用釣魚執法逮捕、起訴犯人的過程不合法。例如上傳標題為「十五歲女生，想找個地方睡覺」的文章，即認為這是在誘導一般人犯罪，所以是非法的。現在韓國的法律並不把成年人對孩子的惡意當成問題，目前的政策等於是袖手旁觀，等待問題發生。[54]

為了保護兒童及青少年，必須採用釣魚執法。直到今天，我們都是在性犯罪問題發生後才急於應對。如果未來不想再發生N號房事件，就應該制定法案阻止事先犯罪。

@尊敬的法官與國民，大家有何想法？

N號房事件後，大法院量刑調查委員會根據「兒童及青少年性保護相關法第十一條（兒青法）」討論前，於四月針對「利用兒童及青少年製作和拍攝性剝削影像的犯罪」展開問卷調查，向相關人士徵求意見。

調查結果顯示，在詢問不同犯罪類型的適當量刑問題中，大部分法官都給出了寬宏大量的回答。比如，利用兒童及青少年製作性剝削影像的犯罪，儘管原有法律規定的量刑為「五年以上有期徒刑或無期徒刑」，調查結果卻顯示有百分之三十一點六的人認為適當的刑期為三年。由此可見，

53 出處：〈網路性犯罪擴大『釣魚執法』範圍，將副作用最小化〉，《韓國日報》，李潤浩（東國大學警察司法系教授），二〇二〇．五．七。

54 與李秀靜教授對談的部分內容。

法官並沒有意識到網路性犯罪的嚴重性和量刑標準的重要性。性別法研究會法官指出，該問卷調查的問題本身就有問題。目前兒青法的量刑如下：

兒青法第十一條第一項：製作或進出口未成年人淫穢物品者，處五年以上有期徒刑或無期徒刑。

兒青法第十一條第二項：以營利為目的銷售、出租、散佈、提供或以此為目的持有、運送未成年人淫穢物品者，處十年以下有期徒刑。

據性別法研究會法官表示，製作未成年人性剝削影像的刑責下限為五年，但大法院量刑委員會的問卷調查中，以原有量刑為依據提供的十個選項，分別是從兩年六個月到九年以下，其中五個選項為五年以下。也就是說，問卷調查的選項已經把量刑範圍縮短了。

同月底，經營全球兒童色情網站「Welcom To Video」的孫政宇在即將引渡回美國前，向法院提出拘留合法性審查[55]，引發爭議。開始追蹤N號房事件以來，我們思考過網路性犯罪的開端來自哪裡，其中就有孫政宇。這個在韓國播下網路性犯罪種子的人，竟然在刑滿一年六個月後被釋放了。這都是因為法官不重視網路性犯罪，也是迫切需要修正網路性犯罪量刑標準的原因。

有一位市民提出很好的建議，他建議追蹤團火花針對網路性犯罪的量刑標準進行問卷調查。我們把這個建議也轉達給ReSET，他們也意識到利用兒童及青少年進行性剝削犯罪的量刑標準有問題，於是決定結合女性團體的力量，用問卷調查收集國民對網路性犯罪的適當量刑，以及在制定量刑過程中應當考慮和排除的因素等意見。我們的共同目標是，消除國民的法律意識與法官的判決間的差異。

我們在推特和 Instagram 上同時展開問卷調查，希望把調查結果遞交給預定在二〇二〇年七月十三日召開的量刑委員會會議。第一次問卷調查在七月七日結束，共有六千三百六十人參與。ReSET 進行的分析結果顯示，參與者中百分之九十五點八的人表示，經常在媒體或聽說網路性犯罪事件；百分之九十九點二的人指出網路性犯罪的量刑範圍有問題；百分之九十八點八的人認為司法部門沒有認真看待網路性犯罪。

針對為了減少網路性犯罪，量刑委員會和司法部門應該做什麼的問題，一千九百二十九人的回答是「強化量刑」、「嚴厲處罰」。此外，百分之九十九點八的人認為，目前網路性犯罪的處罰「無關痛癢」。從該問卷的結果可以明顯看出，參考過去判例來制定量刑標準是毫無意義的。

原本火花和 ReSET 打算將問卷結果交給量刑委員會，但負責人回覆我們，由於手冊已經製作完畢，無法追加，不知道這些內容是否能傳達到會議上。我們很驚慌，但也不是沒有其他辦法。量

55 指法院重新判斷逮捕拘留嫌疑人的程序是否妥當。

刑委員會的工作人員又回信：「如果能在八月底把這些內容寄給我們，一定會加進九月召開的會議手冊。」

於是我們將問卷調查時間延長到八月二十日，共有七千五百零九人參與了為期三個多月的問卷調查[56]。八月二十七日，我們把調查結果和負責人意見書交給量刑委員會。最終結果顯示民眾對判決的不信任和落後於時代變化的司法部門，以及量刑標準的擔憂。之所以會有這樣的結果，是因為法官和量刑委員會對網路性犯罪沒有正確認知。還有人提到，司法部門多由中年男性組成，有必要成立牽制各階層意見的機構。

火花和 ReSET，以及眾多生活在韓國的女性，正積極地為制定妥善的網路性犯罪量刑標準而努力。

@這又是什麼……

二〇二〇年五月，我們收到新型網路性犯罪的檢舉。雖然性剝削犯罪正在減少，但我們早有心理準備，Telegram的加害者絕不會就此消失。我們本以為乘勝追擊、一件件解決就可以了，顯然我們錯了。加害者的動作遠比我們想像得更快，他們又在策劃其他性犯罪了。新型性犯罪手法非常複雜，在聽了檢舉人兩小時的說明、看了數十份蒐集的資料後，才大致掌握情況。目前掌握到的受害者就超過三十人，加害者超過數百人。

我們簡直崩潰了，在以為有希望杜絕網路性犯罪時，又出現新型性犯罪，一直緊繃的神經應聲斷裂。難道再怎麼努力，都無法阻止日益增加的加害者？無力和恐懼包圍了我們。在這虛擬空間

56 出處：〈N號房判決引關注，火花&ReSET：『提高網路性犯罪量刑標準』〉，《國民日報》，朴敏智，二〇二〇．八．二十六。

裡，還有多少我們不知道的性犯罪呢？但我們不能袖手旁觀，於是找了當下可以做的事。首先要做的就是檢舉，但目前警方光是調查 Telegram 事件就很吃力了，能否立刻著手調查新型性犯罪，很教人擔憂。

我們決定向從去年七月一直保持聯絡的江原地方警察廳檢舉。過去一年，我們累積了信任，覺得這次也會得到他們的幫助。為了說明情況，我們和檢舉者一起來到春川，在江原地方警察廳網路偵查大隊裡，警察流露出跟我們最初聽到這件事時一樣的表情。因為是無法用三言兩語講明的作案手法，我們花了三個多小時說明，警察才意識到問題的嚴重性。

但是，沒有證據可以證明這種犯罪。雖然我們可以進入 Telegram 性剝削的站點蒐集證據，卻掌握不到這種新型性犯罪的根據地。這是一種更進化的犯罪，加害者威脅和嘲弄受害者，卻不會留下任何證據。我們追蹤了兩個月，出於擔心加害者銷毀證據，無法草率地報導，只能一直延後報導的時間。

當這本書出版時，不知道能不能找到證據，但等到加害者落網的那天，我們一定會將這件事報導出來。我們應該看清潛藏在韓國社會的網路性犯罪真相，只有這樣，才能徹底根除根深蒂固的強暴文化。

@首爾中央地檢座談

五月底，追蹤團火花的官方信箱收到一封信，是邀請我們參加在首爾中央地方檢察廳（首爾中央地檢）舉辦的網路性犯罪座談。這是一個可以直接說出長期以來我們所感受到法律制度侷限性的機會。首爾地檢還委託我們以相關證人的身分，針對N號房事件提供證詞。

六月初，我們來到首爾中央地檢，在工作人員帶領下來到會議室。出席座談會的人，有四名首爾中央地檢網路性犯罪特別調查專案小組的檢察官、博士房受害者的公設辯護人申貞熙、國會立法調查官全潤政、ReSET小組和追蹤團火花。雖然大家各自負責的事情不同，卻有著相同的問題意識，所以更能產生共鳴。

申貞熙律師從二〇一二年就開始幫助性犯罪受害者，對現況瞭如指掌，她講解了韓國網路性犯罪的發展以及現在的問題。申律師點名了「串流媒體」，若發現非法影片並向放送通訊委員會檢舉，會在二十四小時內刪除，卻無法阻止即時傳送影片。在座的人也同樣認為這是一個嚴重問題。

隨後，立法調查官全潤政表示，目前對於援助受害者沒有法律依據，並強調了構建體系的重要性。ReSET也透露了持續觀察網路性犯罪期間看到的問題。檢察官則提到，雖然性犯罪受害兒童可由成年人代為陳述，成年人卻不能請代理人，並指出成年人也需要保護。

大家針對網路性犯罪的現況、對調查機關的期許，以及制度的改善各抒己見，交流了建設性內容。我們也道出追蹤N號房一年來的感受，表達了即使警察向檢察機關申請搜索令，很多時候都遭到駁回的不滿，還解釋了每個平臺共享性剝削影像的方法，以及面對網路性犯罪等以女性為目標的新型犯罪不斷增加的情況，最後指出可掌握實際狀況的統計資料不足的問題，以及提出為了制定防禦對策，應盡快建立性暴力犯罪統計資料的建議。

一個半小時的會議，我們感受到社會還有很多需要改善和解決的問題，也感受到在座的所有人都懷抱同樣的希望，讓我們產生了團結感和安慰。座談結束後，大家一起吃午飯，繼續討論會議上沒說完的話題。

午飯後，我們和ReSET小組回到檢察室，各自接受證人調查。我們解釋了如何進入N號房，和Telegram聊天室的經營手法，以及脫序帳號、博士的犯罪行為。還針對這種犯罪是否屬於犯罪團體組織罪進行了詢問。

從上午十一點抵達檢察廳，結束證人調查出來時已經晚上六點了。雖然疲憊不堪，但想到解決網路性犯罪存在著希望，傍晚走在路上的步伐也輕快了起來。

@走入群眾，展開演講

以五月為起點，我們不斷收到地區性暴力諮商所的演講邀請。我們認為要根除網路性犯罪，最難的課題便是「轉變意識」。為此我們製作了 YouTube 影片、受訪和參加座談，還寫了這本書，沒想到還會有地方邀請我們演講。起初我們拒絕了，但面對希望瞭解網路性犯罪實際狀況的懇切邀請，加上我們也想知道教職人員希望瞭解哪些內容，最後還是答應了。

在答應前，我們向負責人提出了一個請求，希望他們不要向外界宣傳追蹤團火花的演講消息。之所以提出這種請求，是因為我們一直深受人身安全的困擾。負責人非常理解我們，決定只在世宗市和金海市舉辦兩場演講。

「我們準備的內容，大家會不會早就知道了呢？」會來聽演講的都是性暴力諮商所的工作人員，準備演講時，壓力也越來越大。於是又打給負責人，對方表示希望我們能講一下採訪過程中看見的犯罪現場。

我們先來到世宗市。一直以來都是聽別人演講，沒想到自己也會演講，既興奮又有壓力。因為是第一次到世宗市，負責人來車站接我們，他一看到我們就笑說：「大家都很歡迎妳們。」來之前，我們想可能沒時間吃午飯，在龍山站吃了飯糰和零食，但負責人還是執意要請我們吃飯，還說就算晚點開始也沒關係。

一抵達演講廳，臺下坐了十個人。之前考慮到人身安全，受訪時也只跟極少數的人見面……我們立刻緊急討論：「演講時摘掉口罩沒關係嗎？」、「在這些人面前應該沒問題吧。」最後我們決定露臉，但不允許拍照。

我們簡單介紹了追蹤團火花，接著講解網路性犯罪用語。起初我們也對各種用語很陌生，依序講解了數位性剝削、高談房、N號房、熟人凌辱、雲端硬碟聯盟等，還有從二〇一九年七月至今追查網路性犯罪的過程。雖然縮減了很多內容，但講到追查過程還是會哽咽。火講到喉嚨嘶啞後，便輪到了湍。

湍整理出網路性犯罪案例和加害手法，並向在場聽眾講解韓國社會網路性犯罪的蔓延程度。這是大家早已知道的內容，但不管是聽的火，還是講解的湍都很吃力。即使聽過多次，仍會毛骨悚然。最後，湍解釋了「受害者無罪的理由」，火講解了「社會的課題」。

金海女性會舉辦了第二場演講，聽眾比世宗市多了三倍。我們從金浦機場出發，預計在上午十一點四十五分抵達金海市。睡了一覺醒來後，已經十一點五十五分了，但飛機還在空中盤旋。機體劇烈搖晃，窗外一片灰濛濛。比起演講遲到，我們更擔心飛機會不會出問題。其他乘客也不安地東張西望。就這樣過了十分鐘，廣播才終於通知：「由於金海機場的氣候問題，我們的航班預計在三十分鐘內準備著陸。」我們這才鬆了口氣。

下了飛機，我們立刻搭地鐵趕往演講地點，在沒有做好充分準備之下開始演講。雪上加霜的是，煳筆電裡的PPT出問題，我們手忙腳亂，不知道自己在說些什麼。

休息時間過後，我們才放鬆下來，順利講完後面的內容。結束了三小時的演講，我們精疲力盡地走出會場。雖然演講比預想的延長了半個多小時，但還是覺得有很多話沒說。

天空下起大雨，我們瞬間就被傾盆大雨淋得濕透，雨水沿著頭頂流下來。真是坎坷的一天。接下來，我們又答應了兩場演講，希望透過更多演講，讓人們了解網路性犯罪的真相。

尾聲
必有盡頭

三月，當採訪邀請蜂擁而至，出版社也聯絡了我們。共有九家出版社向我們提出出版計畫，但當時因為幫助受害者和受訪已經力不從心，根本無暇思考出版的事，也對寫書充滿畏懼。但隨著我們以火花之名展開活動，寫書的想法也越來越強烈。僅憑媒體報導和採訪，民眾很難掌握網路性犯罪的全貌。

「好，那我們來寫一本書，把網路性犯罪的歷史一一記錄下來，改變人們的認知，寫下我們感受到的憤怒和殘酷現實，提出讓整個社會一起思考的問題吧。」

九家出版社中，我們選了一家意氣相投的出版社簽了約。五月第一週就寄出第一份稿件。若想在九月出版，每週要寫十五頁以上的稿子。但要做的事情實在太多了，持續的採訪和演講，讓我們一天睡不到五個小時，期間還遇到了想把網路性犯罪拍成紀錄片的導演、跟最初提供資料的《韓民族日報》進行了直播、接受SBS《想知道真相》和KBS《時事企劃窗》的採訪，拍了YouTube

影片。我們不分晝夜，平日接受採訪，週末埋頭寫書。雖然很累，但懷抱讓人們意識到網路性犯罪嚴重性的心，撐了過來。

為了寫這本書，我們必須回顧過去發生的事。腦中不斷播放哪些慘不忍睹的影片，有時會痛苦得整整兩天寫不出任何東西。原本與編輯說好每個週末寄一次稿件，卻都從週日拖到週一凌晨才寄出。

這樣也有很多好處。平日因為忙碌沒空讀的書，無論如何都會抽出時間閱讀。我們覺得想寫書，就必須先讀書。寫第二部時，我們沉浸在回憶裡，時而微笑，時而也會覺得心理陰影得到了療癒。在寫第三部的現在，面臨著最後交稿的這週，出現權勢性犯罪，Welcome To Video 經營者孫政宇遣返回美國的申請遭到法院拒絕，非法拍攝高中老師……這一週，讓身為韓國女性的我們倍感痛苦。

但我們還活著，還在這片土地生活、呼喊著。正因為有在自己位置上奮戰的人們，所以我們可以期待明天。

追蹤團火花支持性犯罪受害者勇敢挺身檢舉，你們的苦痛穿過我們的身體，觸動了我們的心，你們的傷痛轉換成我們的痛苦時，一股炙熱的熔岩便會從我們的心噴發而出。

希望我們過去一年來的記錄，能成為一起感同身受、憤怒的女性的足跡。

我們的聊天室

火

吃（晚）飯了嗎？中午吃的東西太刺激了，
晚飯吃點好消化的吧。喝粥怎麼樣？

煓

還是……義大利燉飯？

火

也不錯……鮪魚蔬菜粥、鮮蝦粥？啊，鮮蝦粥好吃。

煓

蓋飯怎麼樣？

火

好啊。

煓

那去地下2樓？

火

又是那家？喔，因為那裡菜色多？

煓

嗯嗯嗯嗯。

火

五花八門？呵呵……

煓

嗯，我們要多吃多吃。

煓

那麼，一開始先簡單說說彼此的優點吧。

火

嗯，煓真的很細心。剛才寫郵件時我就感覺到了，妳做了全方位的準備。我做事有時候馬馬虎虎的，每次看到妳這樣，就覺得應該向妳學習。

煓

我喜歡妳對自己很有自信，有很多喜歡和擅長的事，像開車、寫作、說話和料理。妳總是能明確說出自己擅長的。每次看到妳這樣，我都會覺得「真是個有自信的人」，我覺得了解自己是一件好事。

那有什麼事讓彼此覺得辛苦呢？

火

上次也提到，現在我們要做的事已經夠多了，目前已經難以消化，但妳還是會提出很多東西。休息或跟朋友一起玩時，妳總是會冒出新點子。休息時我只想休息，可還是要跟妳討論一堆事，讓我壓力很大。

還有，我們在一起時，妳有時候會對我不滿。比如我變得很敏感時，妳說覺得跟我有競爭意識時，我都會很難過。我生日時，妳寫了一封信說「妳是我唯一一個希望過得比我好的人」，我很感動……但突然發現原來妳對我存在競爭意識。每當感受到這些，我都會很難過。我希望我們能彼此依靠，但好像做不到。

煓

我就不辯解了。我來說說跟妳在一起時感到壓力的事吧，說不定這樣反而能找出答案。我是那種想到什麼就直接說的性格，有時會希望妳盡快回覆，有時候不會。像是必須盡快處理工作郵件或想聽妳的意見時，才希望妳盡快回覆。這有點像腦力激盪，跟妳說的同時會不斷冒出新想法。連朋友都說「妳怎麼一有空就跟火傳訊息」，我是不是不該太常找妳……12 月我給了妳聖誕卡，妳不是 1 月才回我。這是不久前的事，妳還記得吧？

火

不記得了。ㄎㄎㄎ我寫了什麼？

煓

妳在信裡寫，我是妳最好的朋友。從前我們總是很合拍，也常聯絡，但現在那種感覺不知道去哪兒了。即使如此，我還是很喜歡妳，因為妳是良師益友，我也想過怎麼做才能讓我們恢復健康的關係。我會想很多，就算一邊看新聞，也會想著去參考一下其他資料。我寫的新聞，妳是第一個驗收者，所以會有一種必須加快速度的壓力。我們沒有制度，才更需要討論，但有時討論不足，也會太快下結論。

火

那這段時間，什麼事讓妳覺得最辛苦？

煓

這個團體還能持續下去嗎？因為沒錢，所以沒有自信。如果有很多錢，我很想請那些見過的受害者吃一頓飯，提供援助金給她們。我們不停受訪時，因為太累只能坐計程車，還要在首爾找房子和辦公室。感覺只有這樣，才能正式展開追蹤團火花的活動，才能不受任何干擾地做我們想做的事。我要是個有錢人，搞一個獨立媒體也不成問題，這樣才能從資本中獨立出來。可是我卻苦惱著該找工作呢，還是繼續經營火花呢。

火

我不知道妳會因為沒錢苦惱。

煓

我們都到了該自力更生的年紀，卻突然做起社會運動。我們的時間又沒比較多，為了維持生計，每天在咖啡廳打 5、6 個小時的工，回到家累到不想動，這樣火花的效率也會下降……雖然現在暫時能靠獎金維持生活。

煓

展開活動以來，最近一年裡，什麼時候、什麼事讓妳覺得最辛苦？

火

想討好對方但做不到時。比起這些，最辛苦的是組成火花以來，感覺某些感情消失了。當意識到這一點時，會很痛苦，再好的事也高興不起來，感覺人生無常……

煓

那遇到傷心的事也不會那麼難過了？

火

我也搞不清楚。就是覺得不是站在自己的角度看待自己的人生，很超然，覺得這些早晚會過去。這一年來最辛苦的要屬人際關係了，我們也有意見不合的時候。

煓

我們的關係……

火

嗯，因為我們一直在一起，雖然有共同目標，但也有意見衝突，不過我們可以努力用對話解決這些。

煓

我會對自己的資格產生懷疑，越來越憂鬱。我總是懷疑自己有資格寫這些嗎？即使不寫別人，只寫我自己，也會覺得「我使用的這些詞語和比喻不會傷害別人嗎？」，思考自己有資格批判別人嗎？人家會不會覺得我不懂事，覺得我很奇怪？我好像很在意別人的眼光。可能跟我們做這些拋頭露面的事有關吧。

火

○○○要我們分析 N 號房影片時，當時妳加入的 N 號房解散了，我加入的還在。為了整理受害內容，一段影片我在 2 小時內重複看了 20 次，當時的殘影最近偶爾還會出現，造成我極大陰影。就算我告訴自己這沒什麼，但很多時候還是覺得「這都不是小事」。

煓

事實上，那些性剝削影片並不是距離我們很遠的虛擬畫面，而是受害者近在咫尺。我們不是單純目睹了受害事實，而是親自經歷了這件事，難免會產生心理陰影。妳還記得醫生說的話嗎？

火

嗯，要我們接受。

煓

我和醫生一起回想過兩次，最初回想那些畫面時，就像被掐住了喉嚨，還要按照醫生指示說出那些感受。但好像在訴說痛苦的過程中產生了克服的力量，再次回想時也不覺得痛了，而是感到難過和害怕。聽說集體冥想的效果很好，希望我們一週能做 1、2 次這種回憶傷痛的冥想！

火

沒錯，我也是靠冥想好起來的。

活動期間，什麼事讓妳最害怕？

煓

我們去演講那次，飛機差點墜毀。想到死亡近在眼前，世上還有那麼多我們愛的人，難過極了。我們不是還寫了遺書嗎……

火

我最害怕的是那次在地鐵被人跟蹤……現在想起來都覺得害怕。

雖然經歷那麼多不快樂的事，但我們還是走過來了，來說說理由吧。

煓

與其說我們積極參與各種活動，不如說是使命感。我覺得我們做的這些很有價值，才能持續堅持。比起當記者，如果能繼續做這樣，喚起民眾對網路性犯罪的關心，只要持續蒐集資料、採訪，發揮媒體人的功用，我覺得是一份很有意義的工作。

火

就算沒錢賺，妳也打算一直做下去嗎？

煓

如果能持續下去，只要能維持生活就可以了。我沒有那種 1 個月必須賺 500 萬的想法。現在住父母家……雖然不知道他們喜不喜歡。呵呵，妳呢？

火

如果能賺大錢當然好，但不管怎麼說，最重要的還是火花，錢的問題不重要。

煓

那妳什麼時候覺得自己「成長」了？

火

當意識到要不是火花，就不會做這些時。大學擔任選舉管理委員會長和學生會幹部，會覺得有所成長，跟男友分手時也是。但成立火花以來，不是單方面的，而是整體覺得自己成長了。跟哪些人見面、做事、發想、採訪和合作，我們真的做了很多事。妳呢？

煓

經歷這一年，我不太相信別人了，同時也不想傷害別人了。以前我的個性喜歡強迫別人，現在不會了。現在我覺得要默默走自己的路，也不再求回報。這樣的想法讓我覺得自己成長了。

火

有哪些態度是我們應該牢記的？

煓

家訓那種嗎？我覺得是「不要妄下判斷」。

火

我想到的是「客觀看待我們走的每一步。」

書也快寫完了，以後有什麼想做的事？

煓

想跟妳去濟州島旅行，啊，最近機票很貴吧，那就去趟鬱陵島或獨島。我打算每天寫日記，還有跟妳一起冥想。

火

我要每週讀 2 本以上的書、做運動，還有學英語！好想講一口流利的英語。昨天走在路上，前面的人用英語講電話，我呆呆盯著人家看了半天。

煓

妳不是也能用英語講電話。

火

沒有人家講得那麼好。

煓

我也打算學英語，英語好的話，還能拓展活動範圍。

我們以後也能順利克服困難吧？

火

當然～我們會的。我會繼續去做心理諮商，慢慢都會好起來的。

煓

我也是！遇到煩惱時，如果身邊有人聆聽就能克服。很感恩我們身邊有這樣的人。以後有什麼煩惱，大家都會聆聽我們吧？

火

當然。到此結束？

煓

這麼快？聊得正起勁，再多問一個問題吧。妳沒有問題了嗎？

火

那最後說一句互相鼓勵的話吧！

煓

火，妳現在依然是我唯一一個希望過得比我好的人，感謝妳陪在我身邊。

火

因為有妳，我們才走到這裡。謝謝妳。總有一天，這一切都會結束，我們一起笑著迎接那一天的到來吧！

附錄

1／重寫司法正義，根除性犯罪．性剝削——市民法庭集會演講稿

發言人：追蹤團火花
朗讀人：對N號房憤怒的社運人士
日期：二〇二〇年八月十六日下午六點
地點：瑞草站七號出口
主辦單位：對N號房憤怒的人們

「知識淵博的菁英與其對愚昧無知的民眾立即做出反應，不如做出自主的判斷。」這是十八世

紀英國保守主義理論家埃德蒙・伯克（Edmund Burke）的主張。但在最近做出引起爭議判決的法庭上，多數法官似乎都被伯克附了身。希望這些人可以從傲慢中清醒。

七月二十九日，在國會司法委員會上，共同民主黨議員金容民發問：「全球性兒童色情網站Welcom To Video的經營者孫政宇（24）僅以包括一罪來處理，這樣正確嗎？」法院行政處長趙載淵卻避重就輕地回答：「這是法庭的判斷，我很難發表個人意見。」人民聽到這種態度傲慢的答辯，憤怒地捶胸頓足。

傲慢導致怠惰。法院一直以來會把（兒童性剝削影像的）販賣、製作和流通分開來看，唯獨在孫政宇事件上以包括一罪來處理。做出判決後，他們有思考過關於量刑和包括一罪的根本問題嗎？對於怠惰導致做出不痛不癢的判決，司法部門應該給國民一個有說服力的交待。

趙載淵處長和駁回遣返孫政宇回美國的法官江永秀等人，知道那些加害者——博士趙周彬、GodGod文炯旭、Kelly申某、Watchman全某、Budda江某、Yigiya李元昊和Welcom To Video的孫政宇有多勤快嗎？這些人為了不留下作案證據，會使用裸機，互相分享「寫調查紀錄」的方法，不停開發駭客程式竊取受害者個資。

對這些人而言，洗非法收益資金也輕而易舉。他們經由加密貨幣專家推薦，使用安全的比特幣作為性剝削影片交易的貨幣。入獄的博士房經營者趙周彬每天都在寫檢討書。追蹤Telegram性剝削非法拍攝影像的一年中，我們發現這些加害者在入獄前努力逃避逮捕，入獄後則為了減輕刑責而拚死掙扎。這些加害者就像打不死的小強，司法部門卻不顧受害者的痛苦，他們的感同身受，到底是什麼呢？

在Telegram性剝削事件上，法院只做出了跟加害者一樣的努力。這些執法者不應紙上談兵，而應投身現場、調查真相。我們知道有些法官的工作量再大，也會積極地做現場驗證。在激烈對立的兩個「真相」中，法官必須選擇應該站在哪一邊。即使很難做到這一點，至少也該努力用法律嚴懲加害者吧。

上訴宣判的兩週前，Welcom To Video的經營者孫政宇做了婚姻登記。法院竟將此事作為減刑的要素。結婚可以成為減刑理由已經夠荒唐了，最近女方向孫政宇提出婚姻無效訴訟。最終批准減刑、婚姻無效，以及准許孫政宇重返社會的人，正是大韓民國的司法部門。

負責孫政宇案件的法院和負責審理遣返美國的司法部門，還存在任何一點實現司法正義、維護初心的想法嗎？

如果有，請你們脫下法袍走人吧。

2／有未成年人的性剝削影片嗎？——「Telegram」非法活動

追蹤團火花

國內有高達一萬三千人，利用國外伺服器的通訊軟體觀看未成年人非法影片，女廁、宿舍等地的非法拍攝影像高達二十GB，警方即刻聯手展開境外調查。

據確認，共享兒童及青少年性剝削影像的群組聊天室正透過通訊軟體「Telegram」公然經營。近期政府開始大規模限制雲端硬碟網站後，流通非法拍攝影像的上傳者將基地轉移到伺服器設在德國的 Telegram。採訪組為了掌握 Telegram 聊天室流通非法拍攝影像的情況，進行了一個月左右的潛伏調查，期間採證到加害者互傳兒童及青少年性剝削影像及非法成人網站的證據。加害者以 Telegram 堅固的保安系統為盾牌，肆意散佈非法拍攝影像，甚至策劃集體強暴未成年人。採訪組採證後，揭開這些隱藏在匿名背後的醜陋真相。

在擔憂受害者遭遇二度傷害的情況下，為不再旁觀加害者的集體行為，我們策劃了此次報導。希望能成為追究拍攝並散佈性剝削影像加害者責任的第一步。

■非法拍攝影像的遊樂場——Telegram

「此處上傳的影片及照片都是威脅脫序帳號女孩獲得的資料，她們都是不按照指示照辦逃跑的孩子，大家可以隨心所欲的處理。」

非法網站「a******」掛有Telegram群組聊天室的連結，點擊該連結可進入一千七百二十八名成員（以七月三十日下午五點為準）參與的聊天室A。這是進入各種性剝削影像共享房間的第一條路。進入A聊天室的參與者表面上看起來只是在進行單純的對話，內心卻另有所圖，因為這裡是通往流通非法拍攝影像衍生房的橋樑。聊天室會不斷出現衍生房的連結，以七月三十日下午五點為準，共出現超過四個衍生房，參與者超過七千多人。即使存在重複的參與者，但參與人數不容小覷。僅衍生房B內就共享了九百三十八支非法拍攝影片、一千八百九十八張照片和二百三十三個壓縮檔。主要內容都是強暴兒童、非法拍攝女廁和女性宿舍，以及用GHB迷暈受害者進行性暴力的影像。

一夜之間，該聊天室累積一萬三千次對話。如參與者不上傳非法拍攝影像或不參與對話，就

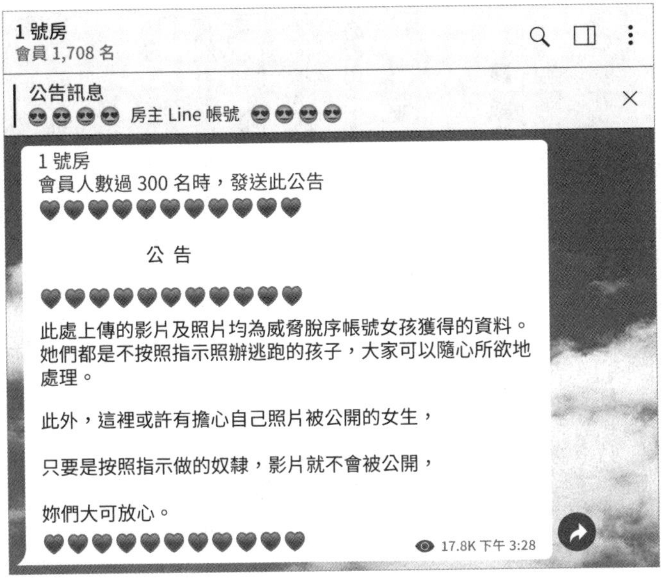
1 號房
會員 1,708 名
公告訊息
房主 Line 帳號
1 號房
會員人數過 300 名時，發送此公告
公 告
此處上傳的影片及照片均為威脅脫序帳號女孩獲得的資料。
她們都是不按照指示照辦逃跑的孩子，大家可以隨心所欲地處理。
此外，這裡或許有擔心自己照片被公開的女生，
只要是按照指示做的奴隸，影片就不會被公開，
妳們大可放心。
17.8K 下午 3:28

N號房之1號房散佈兒童性剝削影像的Telegram聊天室公告。公告上明目張膽地寫有「這是威脅兒童及青少年獲取的資料」。

會被管理者強制退出聊天室，因此聊天成員都忙著上傳本人持有的非法拍攝影像。參與者會讚揚重量級上傳者，並希望大家上傳親自拍攝的影片。對這些參與者而言，這裡不是單純共享商業色情片的地方，而是共享非法拍攝影像和嘲弄女性的遊樂場。

■ 為看未成年人性剝削影像湧入「號碼房」，三十多名受害者實名及學校遭公開

參與者最感興趣的是「號碼房」，從一到八號共有八個聊天室，持有威脅未成年人製作的性剝削影像。據推測，受害者超過三十人。A聊天室的管理者會定期上傳號碼房受害者的真實姓名、

學校、班級和評價，以此刺激參與者的好奇心。進入號碼房的成年者觀看未成年受害者的性剝削影像後，還會舉行評選會，並利用受害者的裸照製作成Telegram的表情符號使用。甚至還策劃集體到○○的（被公開個資的受害者）學校進行強暴。

想獲得號碼房連結，必須先進入聊天室A衍生的聊天室B。七月十一日上午十點，進入聊天室B的超過四百人。該聊天室的管理者不止一人，多名管理者輪流上傳連結，認證標準也很多，有的管理者會要求參與者上傳性剝削影像，如果滿意就提供連結。採訪組在得知存在「號碼房」的五小時後便入場了，因為提供入場連結的管理者沒有提出任何特別要求，也沒有確認參與者性別和是否持有非法拍攝影像。管理者只要求大家將頭像換成動畫女主角的照片。也就是說，只要願意，任何人都可以加入。就這樣，進入號碼房的採訪組看到聊天室裡共享約二十GB的性剝削影像，相當於十四部電影（以一點四GB為標準）的容量。

■威脅未成年人的惡毒手法

號碼房鎖定的目標是那些在社群網站上傳裸照和使用「脫序帳號」主題標籤的未成年人。脫序帳號指在推特上傳本人裸照或自慰影片，表達性慾的帳號。據最初散佈影片的加害者B在A聊天室稱，B本人從去年中旬到今年年初，利用駭客連結盜用了標有「脫序帳號」主題標籤的帳號，還冒充警察謊稱會以「散佈淫穢影像」為由起訴對方，以此收集了受害者的實名、身分證號碼、學校和

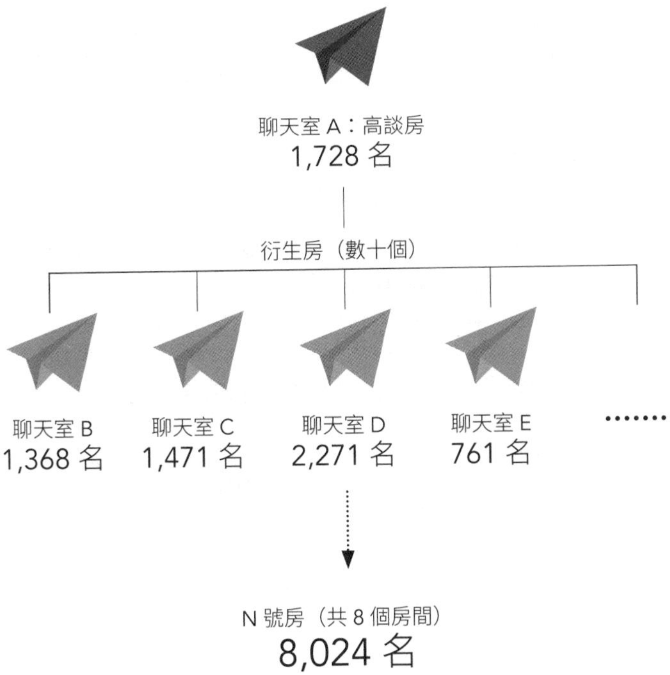

從聊天室A衍生出來的房間超過4個，威脅未成年人製作的性剝削影像，會上傳至「號碼房」，並告知每個房間正在參與聊天的人數。

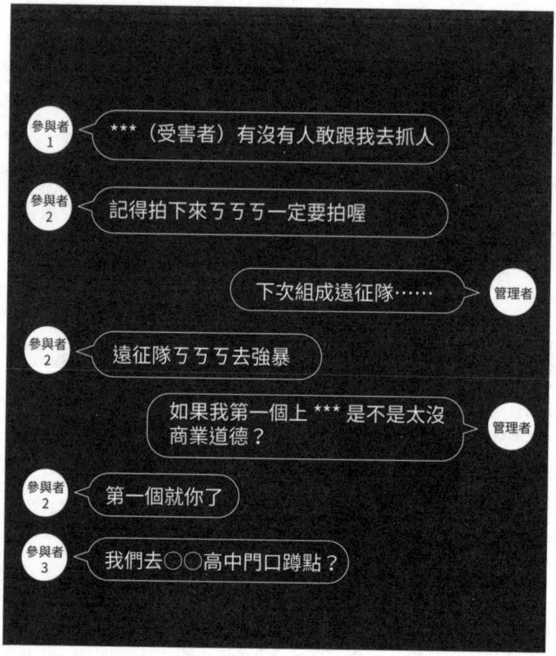
參與者1
***（受害者）有沒有人敢跟我去抓人
參與者2
記得拍下來ㄎㄎㄎ一定要拍喔
下次組成遠征隊……
管理者
參與者2
遠征隊ㄎㄎㄎ去強暴
如果我第一個上 *** 是不是太沒商業道德？
管理者
參與者2
第一個就你了
參與者3
我們去○○高中門口蹲點？

聊天室A的部分對話（2019.7.15），煽動集體強暴個資曝光的未成年受害者。

聯絡方式等個資。B威脅受害者「在我告訴妳父母前，最好按照我的指示去做」，命令受害者用刀在身上刻下「奴隸」二字，並拍攝自慰影片。截至三十日，像這樣暴露在號碼房的受害者已超過三十人。

經營一到五號房的B目前註銷了Telegram帳號。A聊天室的管理者稱，B在註銷前將這些號碼房轉讓給了自己，還解釋了B的犯案動機，聲稱B是為了抒壓才犯罪，其中最令人髮指的罪行是讓受害者跟自己的弟弟進行口交。目前仍可以下載到該號碼房的影片，並迅速散佈在各種社群網站和非法網站。

■一定要發生人命後才會停止嗎？譏諷警察的加害者

聊天室成員紛紛表示「警察不能查Telegram科科」、「伺服器在國外，他們怎麼抓」、「政府要阻止Telegram？他們也在用啊」。這些人確信自己不會被捕。Telegram是為了躲避俄羅斯監控而開發的通訊軟體，雖然定期開設數億元獎金的駭客競賽，至今仍沒有人能破解這個擁有強大保全系統的軟體。這正是讓加害者安心的理由。在這「保護個資」的大傘下，難道只能眼睜睜看著「散佈非法拍攝影像」的陰影越來越暗嗎？但警方逮捕使用Telegram的罪犯，並非不可能。

去年五月，在深網上經營共享兒童性剝削影像網站的二十代男性，於忠清南道唐津市落網。該經營者在利用比特幣進行交易時，被警方掌握。如果能夠得到Telegram協助，就有機會將罪犯逮捕歸案。江原道地方警察廳網路偵查隊的全仁載組長認為，製作及散佈兒童性剝削影像在國外是重罪，若透過國際刑警組織申請搜索令，展開合作調查，Telegram也可能配合。全組長進一步說明，因國外比國內的程序複雜，在等待合作調查期間，警方有必要進行獨立調查。全組長還表示，目前警方潛入衍生房B進行調查，已經採證到可以鎖定部分參與者身分的線索，並將持續追蹤。全組長最後提到，即使是出於好奇心加入聊天室，一旦使用非法拍攝影像相關連結，或散佈兒童性剝削及非法拍攝影像，也將受到處罰。警方的最終目標是逮捕聊天室的經營者。

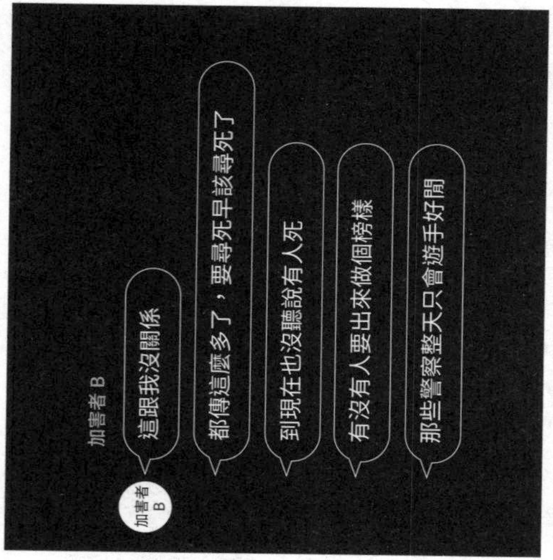
加害者B
加害者B
這跟我沒關係
都傳這麼多了，要尋死早該尋死了
到現在也沒聽說有人死
有沒有人要出來做個榜樣
那些警察整天只會遊手好閒

首先散佈影片的加害者B在衍生房的部分對話內容。

■政府出面，才能根除遭世界譴責的Telegram

頻繁發生非法拍攝影像流通的Telegram應自行控管的呼聲不絕於耳。去年一月，蘋果IOS App Store在無預警的情況下刪除了Telegram，二十四小時後又恢復。時任蘋果副社長的菲利普·席勒（Philip Schiller）表示，刪除Telegram軟體是因為兒童性剝削影像。蘋果提醒Telegram開發者後，向全美失蹤兒童中心NCMEC和美國當局進行通報。

二〇一九年，在瑞士舉行的世界經濟論壇WEF上，英國前首相梅伊（Theresa May）也批判Telegram是一個戀童癖者平臺。建國大學身體文化研究所尹金智英教授也提到，網路性犯罪比起保安政策，更重要的是女性人權、肖像權和人權侵害問題，為了讓Telegram經營者意識到嚴重性，必須盡快落實各種政策和建立法律上的合作調查。

相關專家也一致表示擔憂，並要求當局採取行動。京畿大學犯罪心理學系教授李秀靜指出，政府應向 Telegram 提出協助要求，找出使用者，即使提出一次要求被拒絕也應多次嘗試，尋找改變的契機。尹金教授也強調，政府應透過海外協助制定跨國方案。此外，當封閉式群組聊天室出現散佈非法拍攝影像時，應開發檢舉按鈕以便通報平臺經營者。經營者也有採取技術措施及應對方案的義務。

您已登入N號房：韓國史上最大宗數位性暴力犯罪吹哨者「追蹤團火花」直擊實錄／追蹤團火花（추적단 불꽃）著. 胡椒筒 譯. -- 初版. – 臺北市 : 時報文化，2021.6；面；14.8 ╳ 21 公分. --（VIEW：097）
譯自：우리가 우리를 우리라고 부를 때

ISBN 978-957-13-8940-0（平裝）

1.性犯罪 2.性侵害 3.女性 4.韓國

548.544 110006368

ISBN 978-957-13-8940-0
Printed in Taiwan.

VIEW 097

您已登入N號房：韓國史上最大宗數位性暴力犯罪吹哨者「追蹤團火花」直擊實錄

우리가 우리를 우리라고 부를 때

作者 追蹤團火花｜**譯者** 胡椒筒｜**主編** 陳信宏｜**副主編** 尹蘊雯｜**執行企畫** 吳美瑤｜**封面設計** 萬亞雰｜**內頁設計** FE設計｜**編輯總監** 蘇清霖｜**董事長** 趙政岷｜**出版者** 時報文化出版企業股份有限公司 108019 台北市和平西路三段240 號 3 樓 發行專線—(02)2306-6842 讀者服務專線—0800-231-705・(02)2304-7103 讀者服務傳真—(02)2304-6858 郵撥—19344724 時報文化出版公司 信箱—10899臺北華江橋郵局第99信箱 時報悅讀網—www.readingtimes.com.tw 電子郵件信箱—newlife@readingtimes.com.tw 時報出版愛讀者—www.facebook.com/readingtimes.2｜**法律顧問** 理律法律事務所 陳長文律師、李念祖律師｜**印刷** 勁達印刷有限公司｜**初版一刷** 2021 年 6 月18 日｜**初版三刷** 2021 年 8 月30 日｜定價 新台幣 380 元｜（缺頁或破損的書，請寄回更換）

時報文化出版公司成立於 1975 年，1999 年股票上櫃公開發行，2008 年脫離中時集團非屬旺中，以「尊重智慧與創意的文化事業」為信念。